ÉTUDES LOCALES

ANALYSE D'ANCIENS REGISTRES PAROISSIAUX

—

Asnelles-sur-Mer, Meuvaines

PAR

H. DE CHANTERENNE

CAEN

HENRI DELESQUES, IMPRIMEUR-ÉDITEUR

34, RUE DEMOLOMBE, 34

—

1912

ÉTUDES LOCALES

ANALYSE D'ANCIENS REGISTRES PAROISSIAUX

Asnelles-sur-Mer, Meuvaines

PAR

H. DE CHANTERENNE

CAEN

HENRI DELESQUES, IMPRIMEUR-ÉDITEUR

34, RUE DEMOLOMBE, 34

1912

Extrait de l'*Annuaire de l'Association Normande,*
Année 1912.

Asnelles-sur-Mer

Surnommée « La Belle-Plage » depuis que des étrangers

en ont fait une charmante Station balnéaire

en y construisant de riches villas.

L'abbé Beziers, historien du diocèse de Bayeux à la fin
du XVIIIe siècle, dans un manuscrit inédit déposé à la
bibliothèque du chapitre de la cathédrale de Bayeux, consacre à Asnelles l'article suivant (1) :

Asnelles (Saint-Martin d'), sergenterie de Graye, élection
de Bayeux, quatre-vingt-quatorze feux ; paroisse maritime,
bornée au levant par Meuvaines et au couchant par Fresné-
sur-la-Mer ; ses habitants, la plupart sont matelots et
vivent de la pêche ; son territoire est arrosé par le cours de
la Gronde qui, en hiver et quelquefois en été, se forme de
la crue des eaux, sort des plateaux de Sommervieu, près du
château (2). Ce cours, qui commence à Ryes, à une lieue au
midi, passe par un coin de Fresné et vient se décharger

(1) Ce manuscrit a été publié il y a quelques années par M. Le
Hardi.

(2) Beziers fait erreur. la Gronde a sa source dans les hauteurs
de Magny.

dans le marais d'Asnelles et de Meuvaines et se perd enfin à la mer par un écoulement qu'on est obligé de lui faire de temps en temps.

L'église est à quelque distance de la mer, sur une petite éminence accompagnée de maisons.

Sur le bord de la mer, à deux cents perches du corps de la paroisse, il reste cinq maisons d'un plus grand nombre dont ce redoutable élément s'est emparé depuis cinquante à soixante ans, on l'appelle le hameau d'Asnelles. Là est situé le corps de garde et un petit magasin qui y fut construit en 1757. Il n'y a point de rochers ni de falaises en ce lieu et les grèves y sont remarquables. Les racines et les souches d'arbres qu'on trouve fréquemment sur le rivage, dans la basse eau, font voir qu'il y avait autrefois un bois; il s'appelait, dit-on, la forêt de *Quinte-Feuille*. On m'a assuré qu'il en est fait mention dans de vieilles ordonnances des eaux et forêts.

La cure était à la nomination de l'abbé de Tours, aussi bien que celles de Fresné et de Meuvaines; elles ont été aumônées à son abbaye par les Malherbe de Saint-Aignan, qui possédaient antérieurement les seigneuries de ces paroisses.

Depuis la réunion de la mense abbatiale de cette abbaye au collège des Jésuites de Tours, les grosses dîmes, quant aux deux tiers, ont été cédées à ces pères et la nomination des curés à Mgr l'Évêque de Bayeux.

Les Jésuites, au droit de l'abbé de Tours, sont seigneurs et patrons honoraires d'Asnelles, comme y possédant le premier fief. Le fils mineur de M. de La Rivière de Meuvaines y en a trois, qui sont les fiefs d'Asnelles, de Campigny et d'Hermanville.

Elle est à deux lieues de Bayeux (Beziers, manuscrit 22).

Dans le livre Pelut du diocèse, publié par l'abbé Beziers dans son *Histoire de Bayeux*, nous voyons, qu'au XIVᵉ siècle, l'abbé de Saint-Julien de Tours était le présentateur à la cure de Saint-Martin d'Asnelles, dont le bénéfice était de quarante livres et la taxe de guerre, levée par le Roi, de seize livres. La grange servant à recueillir la dîme de l'abbé de Tours existe encore près de l'église.

D'après une inscription qu'on lisait autrefois sur la porte de la salle Saint-Regnobert, dans l'ancien palais épiscopal des évêques de Bayeux, les cures de Sommervieu, de Fresné, Meuvaines et Asnelles étaient bénéfices dépendants de Mgr l'Évêque; les trois derniers, au droit de l'abbé de Saint-Julien de Tours.

Le patronage d'Asnelles fut sans doute aumôné en même temps que celui de Meuvaines, en 1354; mais bien antérieurement, un Raoul de Malherbe s'intitulait sieur d'Asnelles; on trouve en effet, dans l'analyse des archives du Calvados par M. Léchaudé d'Anisy, page 308, qu'en 1262, Raoul d'Asnelles, fils de Guillaume *d'Asnelles,* vend à l'abbay de Barberie diverses redevances à prendre à Bretteville-sur-Laize et à Clinchamps.

Aux notes qui précèdent, extraites du livre et du manuscrit de M. l'abbé Beziers, nous ajouterons l'opinion, sur l'origine d'Asnelles, de M. Lambert, savant bibliothécaire de Bayeux vers le milieu du siècle dernier : « Des tuiles plates et des tuiles à rebords et les débris d'une meule de moulin ont été trouvés à Asnelles, à l'ouest de la poudrière, où s'élevait autrefois une chapelle sous le vocable de sainte Honorine; ces débris, dit M. Lambert, provenaient évidemment de constructions gallo-romaines, ce qui indiquerait une haute antiquité à cette localité ».

L'étymologie du mot Asnelles ne nous est pas connue et peut être difficile à indiquer.

Ecclesia de Asnellis, dit le livre Pelut du diocèse.

Nous risquerons ici une étymologie peut-être bien contestable : y aurait-il eu autrefois sur ce rivage une foire aux ânes, soit pour embarquer soit pour débarquer, et du mot Asinus serait venu Asinellus ou Asnelles ?

Il y a une voie de pied partant de Hottot-les-Bagues, canton de Caumont, passant par Esquay-sur-Seulle, Vienne, le Manoir, Bazenville et qu'on retrouve encore sur la hauteur du hameau de Maronne ; cette voie portait le nom de la *Sente de Hottot à la Mer* et, dans quelques anciens titres, la *Sente aux Anes ;* y aurait-il là une coïncidence avec le mot Asnelles ?

Église d'Asnelles.

La nef de l'église est la partie la plus ancienne du monument. L'appareil de maçonnerie disposé en arête de poisson indique que sa construction remonte au XIIᵉ siècle ; elle est éclairée par des fenêtres en plein cintre sans aucun ornement et de style roman (1).

En 1856, grâce au zèle infatigable du vénérable abbé Brout, curé d'Asnelles, à ses démarches incessantes près des autorités et aux quêtes qu'il ne cessait de faire, on put, sous la direction de M. Delaunay, architecte à Bayeux, édifier la tour actuelle.

Elle fut construite dans le style roman du XIIᵉ siècle ; elle est composée de deux étages, d'où s'élève une élégante flèche, dont la blancheur, au milieu de la verdure des arbres, orne agréablement le paysage et indique au loin que là se trouve le petit village d'Asnelles.

Cette tour contient aujourd'hui l'unique cloche de la paroisse, dite cloche de Crépon et dont voici l'origine :

En l'an II de la République, il fut décrété que chaque commune ne posséderait qu'une cloche pour les besoins de la municipalité.

Asnelles, petit village de pêcheurs, possédait deux clo-

----

(1) Lambert. — De Caumont : *Statistique monumentale du Calvados*.

ches, deux tinterelles, en rapport avec la capacité de son campanile et dont « le bruit, dit M. Labbey (1), se perdait « naguère au milieu du vent et qui, en cas d'alerte, ne pou- « vaient suffisamment se faire entendre ».

Crépon, paroisse populeuse et riche, puissante en sei- gneurs et patrons, possédait trois belles cloches ; il fallut en descendre deux pour se conformer à la loi ; la seconde et la troisième furent sacrifiées.

Le citoyen Pierre Philippe, curé constitutionnel d'Asnelles, demanda aux directeurs du district de Bayeux la seconde cloche de Crépon, mais sa dimension se trouvant trop con- sidérable pour être placée dans le campanile, il dut se con- tenter de la troisième, et la seconde fut accordée à la com- mune de Banville.

Les registres de Crépon contiennent plusieurs mentions de bénédictions de cloches ; la première, de 1724, comme troisième cloche, et la seconde, de 1740, bénédiction de deux grosses cloches ; celle de 1724 fut refondue en 1786 et bénite comme troisième cloche, c'est celle actuellement d'Asnelles.

Elle porte l'inscription suivante :

« En 1786, j'ai été fondue sur la réquisition de Gilles « Robert, trésorier ; bénite par M. Belleville, curé de Cré- « pon, et nommée Émilie par très haut et très puissant « seigneur Pierre-Alexandre Costé, chevalier, marquis de « Saint-Supplix, haut justicier de Crépon, seigneur et « baron de Graye, seigneur de Vaux, Sainte-Croix-sur-Mer, « Tracy, Feuguerolles, Saint-Louet, et très haute et très « puissante Dame Angélique-Émilie Costé de Fermentot, « Pierrefite, Bavent et autres places très hautes et très « puissantes ».

Le chœur de l'église est moins ancien que la nef et pour-

______

(1) M. le docteur Labbey a publié un livre plein de poésie et de charmes sur Asnelles qu'il habitait et dont il était maire et le bien- faiteur.

rait dater du XV⁰ siècle, il est également roman, toutefois
il est éclairé au midi par une fenêtre ogivale trilobée, mais
qui paraîtrait avoir été faite postérieurement et avoir remplacé une fenêtre en plein cintre; la corniche est ornée de
modillons aux têtes grimaçantes; deux petites baies longues
et étroites sont percées au chevet et devaient servir à
éclairer la sacristie qui était autrefois placée derrière
l'autel.

Entre le chœur et la nef se trouvait un transept; le côté
droit a été abattu pour faire place à une grande chapelle
(chapelle Saint-Martin), construite pour servir aux nom-
breux étrangers qui viennent l'été. Elle est de style roman,
comme l'église, et s'ouvre dans le chœur par deux arcades
en plein cintre; contre le pilier qui les sépare et les soutient
on a placé l'ancienne statue de saint Martin, patron de la
paroisse.

M. Labbey en donne la description suivante :

« C'est une statue qui manque de proportions et dont la
« figure allongée et la pose raide et mal étudiée sont sans
« agrément et sans expression; elle porte une mitre courte
« enrichie de pierreries, une chasuble antique comme celle
« de saint Regnobert, et n'a d'autre mérite que son origine
« et ses vieux souvenirs ».

Nous ajouterons qu'il se trouve, sur le bas de la robe du
saint, la légende de saint Martin partageant son manteau,
assez finement gravée.

Cette statue a été mutilée, on a enlevé la crosse que saint
Martin tenait dans la main gauche en brisant quelques
doigts; la main droite, levée pour bénir, est également abî-
mée, le pouce est brisé. Cette statue, autrefois sur l'autel, a
été remplacée par un saint Martin polychrome en plâtre,
dans le goût actuel.

Le côté nord du transept a été conservé, il est de construction ancienne, du même style et probablement de la
même époque que le chœur. C'est la chapelle de la Vierge,

et pour lui donner les mêmes dimensions que celle de saint Martin, on a allongé ce bâtiment dans le sens du chœur, ce qui lui donne extérieurement une forme de très mauvais goût.

Une fenêtre gothique du même genre que celle que l'on remarque dans le chœur existe encore dans la côtière gauche, la pareille devait se trouver du côté droit, avant la construction de la nouvelle chapelle qui est éclairée maintenant par une fenêtre romane.

Dans la chapelle de la Vierge a été relégué un grand tableau représentant l'Annonciation, peint par Rupaley (1) et donné par lui à l'église d'Asnelles en 1761 ; il faisait autrefois le fond du grand autel.

De même que dans la chapelle Saint-Martin, contre le pilier soutenant les deux arcades, se trouve une très ancienne statue de la Vierge ; sous ses pieds, on voit une barque en détresse sur une mer orageuse, dont les matelots tendent les mains vers la Vierge ; cette statue en pierre, qui porte le cachet du XVe siècle, n'est pas sans valeur (2).

Le campanile qui contenait autrefois les petites cloches de l'église a été abattu il y a quelques années, il datait du XIVe siècle, dit M. Lambert. M. de Caumont (3) ne lui assigne pas une origine si ancienne ; dans sa *Statistique Monumentale*, écrite avant la construction de la tour, il lui consacre ces lignes : « La tour consiste simplement dans un « porte-cloche à fronton triangulaire, qui me paraît du XVe « ou du XVIe siècle.

« On voit encore près de l'église un ancien bâtiment qui « doit avoir servi de grange pour la dîme perçue par « l'abbaye Saint-Julien de Tours ».

(1) Rupaley était un peintre de Bayeux qui, à la fin du XVIIIe siècle, jouissait d'une certaine célébrité, ses portraits de femmes sont encore aujourd'hui très estimés.

(2) Labbey.

(3) *Statistique monumentale du Calvados*, t. II, p. 563.

« Le livre Pelut du diocèse de Bayeux indique l'abbé de
« Saint-Julien de Tours comme patron collateur de la cure
« d'Asnelles ; mais dans le *Pouillé* du diocèse, tel qu'il
« a été dressé par Lamare, l'évêque de Bayeux est
« indiqué comme nommant à la cure. Les économats ou le
« collège de l'oratoire de Tours, auxquels était unie la mense
« abbatiale de Saint-Julien, percevaient, avant la Révolu-
« tion, la moitié de la dîme et le curé le reste ». (M. de
Caumont.)

Capitainerie.

En 1554, un édit d'Henri II créa trois tribunaux, dits
d'Amirauté, chargés de s'occuper de affaires des gens de
mer, l'un à Grandcamp, l'autre à Port et le troisième à
Asnelles.

Ce tribunal fut plus tard, vers le milieu du XVII⁰ siècle,
reporté à Bayeux ; il se composait d'un lieutenant de l'Amirauté, un procureur, un sergent, un greffier (M. Labbey).

En dehors de ce tribunal, il y avait les capitaineries gardes-côtes. Au commencement du XVIII⁰ siècle, Asnelles
devint le siège d'une capitainerie de gardes-côtes, aupara-
vant établie à Graye.

Dans l'ancienne église de Brécy, on voyait encore, il y a
quelques années, la pierre tombale de noble homme Simon
Le Vaillant, écuyer, capitaine de la compagnie gardes-côtes
d'*Annel (sic)*. Cette pierre mutilée ne permettait pas de lire
l'inscription dans son entier, mais l'acte mortuaire se
trouve sur le registre de cette paroisse ; il est ainsi conçu :

« Le 13 novembre 1758, a été inhumé dans l'église le
corps de Simon-Pierre Le Vaillant, écuier, chevalier de
l'ordre militaire et royal de Saint-Louis, capitaine général
gardes-costes d'Asnelles, seigneur de Brécy et de Coujon,
décédé, après avoir reçu les sacrements, à l'âge de 72 ans,
lequel avait un brevet de lieutenance *colonnel* dans ladite

capitainerie; présence de Messire de Petitbosq, chanoine régulier, prémontré de l'abbaye de la Belle-Étoile; N..., prieur de Coulomb; Fleury, curé de Vaussieu; Estienne, curé de Saint-Gabriel, et autres ».

La pierre tumulaire est surmontée d'un écusson dont les armes ont été effacées; elles devaient être : *d'azur, à un hareng d'argent en fasce, au chef d'or*, armes de la famille Le Vaillant.

La capitainerie d'Asnelles comprend quatre-vingts hommes, commandés par un capitaine et deux lieutenants; le lieu de réunion est à Bazenville. Elle fait partie des cinq compagnies gardes-côtes de la Basse-Normandie, dont l'effectif est de 4.260 hommes (1).

La Gronde.

En disant que la Gronde se forme à Ryes par la crue des eaux sorties des plateaux de Sommervieu, M. l'abbé Beziers veut sans doute parler de petits ruisseaux affluents qui viennent la grossir à Ryes, car dans sa notice sur cette commune on trouve ce passage :

« Ryes n'a point d'autre rivière que le ruisseau de
« Gronde, qui prend sa source à une fontaine proche l'église
« de Magny; il y est appelé, dans les vieux titres, le ruel
« de Gronde; il va se perdre à la mer entre Meuvaines et
« Asnelles » (2).

Entre Asnelles et Meuvaines, à l'embouchure de la Gronde, se trouvait autrefois un port, nommé le port de Heurtaux, comblé, en 1676, par une affreuse tempête.

____

(1) Manuscrit de l'abbé Beziers, 22 ter.
(2) Ibid., 22 ter.

Anciens fiefs (1).

Le fief d'Asnelles proprement dit était un plein fief de haubert dépendant de la baronnie de Creully. Cette baronnie ayant été partagée, le 10 février 1508, entre Messire Arthur de Vierville, seigneur châtelain et baron de Creully, et noble et puissant seigneur Monseigneur de Harcourt, seigneur et baron de Beuvron, le fief d'Asnelles fut annexé au lot de ce dernier.

Ce fief était alors tenu par Jean de Marguerie, escuier, sieur de Cornières, fils de Pierre de Marguerie, au précédent possesseur du même fief ; sa fille, Françoise de Marguerie, *dame d'Asnelles*, épousa noble homme François de Méhereuc, lequel rendit aveu, le 20 mai 1523, des fiefs, terres et seigneuries d'Asnelles qui sont un plein fief de haubert.

M. de Mesnilsalles-La Rivière possédait des terres dépendant de ce fief, car, en 1526, la dame de Mesnilsalles est nommée dame de Meuvaines, Asnelles, Fresnay et Maronne.

En 1589, François de Méhereuc rend encore aveu des fiefs d'Asnelles à Messire Pierre de Harcourt, escuier, en partie baron de Creully. Il laissa trois filles, Barbe, Catherine et Anne ; Catherine fut mariée à Jean Lechevalier, escuier, qui, en 1598, tenait la première partie du fief d'Asnelles, ce fief ayant été divisé entre les demoiselles Catherine, Barbe et Anne de Méhereuc, sœurs, filles et héritières de Françoise de Marguerie, leur mère.

David Lechevalier, fils de Jean, escuier, sieur d'Asnelles, Fresnay et Maronne, eut une fille qui épousa Pierre du Mont ; leur fille, Françoise, épousa Jean-François d'Anisy, escuier, sieur de Berville, et lui apporta le fief et seigneurie

---

(1) Extrait des archives de la famille de Savignac communiqué par M. A. de Courson.

d'Asnelles. Jean d'Anisy vendit, en 1646, le plein fief de haubert d'Asnelles, avec circonstances et dépendances, à Jacques de La Niepce, escuier, sieur de Meuvaines, et, en 1692, noble dame Antoinette de La Niepce possédait ce fief d'Asnelles et s'intitulait dame d'Asnelles. Elle avait épousé, en 1673, Nicolas de La Rivière, escuier, sieur de Mesnil-salles

Après le partage entre les demoiselles de Méhereuc, on trouve un aveu du fief d'Asnelles fait, en 1571, par noble homme François du Vivier, escuier, sieur du Pray, et, en 1587 et 1591, par Jean Le Maigre, comme tuteur des enfants sous-âge de François du Vivier.

En 1581, se trouve aussi un aveu du fief d'Asnelles par François de Baussy, escuier, sieur d'Asnelles.

En 1610, une déclaration d'héritages et terres dépendant du fief et seigneurie d'Asnelles, qui fut au seigneur de Campigny, appartenant aux héritiers de feu noble homme Thomas Potier, vivant sieur de la sieurie d'Hermanville, Semilly-en-Vaucelles, près Bayeux; instance de Jeanne Benoit, veuve du défunt Potier et tutrice de ses enfants mineurs.

Sur le rôle des fiefs du grand bailliage de Caen dressé en l'année 1640, à l'article d'Asnelles, on lit :

Le fief d'Asnelles possédé par Charles Le Sens, escuier.

Le fief de Saint-Julien de Tours possédé par les sieurs abbés et religieux de Saint-Julien de Tours.

Le fief du Pray possédé par le sieur vicomte de Bayeux (1).

Le fief de Campigny et d'Hermanville possédé par les héritiers de défunt Augustin Potier, vivant escuier (2).

Jacques Le Bedey, écuyer, seigneur de Vaux-sur-Seulles, vicomte de Bayeux en 1598, ajoutait à son nom celui de

---

(1) Jacques Le Blays, sieur de Vaux-sur-Seulles, vicomte de 1620 à 1648.

(2) Probablement, descendant de Nicolas Potier, vicomte de Bayeux, en 1416. (Pluquet : *Essai historique sur Bayeux*.)

sieur d'Asnelles (M. Lambert, p. 70). Isaac Le Bedey, fils du précédent, prenait également le titre de sieur d'Asnelles, il était vicomte de Bayeux de 1641 à 1688. Il avait épousé Anne d'Hermerel.

Registres paroissiaux.

Le plus ancien registre porte la date de 1635, commencé le 9 mai, jour du décès de feu Maistre Thomas Hubert, vivant prêtre, curé dudit lieu. Ce registre se termine en 1660.

Il existe bien encore quelques feuilles illisibles portant des dates antérieures, 1610, 1612 et 1613, mais elles semblent appartenir à l'église de Meuvaines.

Le registre de 1668 à 1673 porte la mention : « Pour Asnelles et Meuvaines », ce qui fait supposer que, pendant ces cinq années, le curé d'Asnelles fut chargé de la desserte de Meuvaines.

Depuis l'année 1675, les registres se suivent sans lacune jusqu'en 1792 et forment de gros cahiers contenant chacun un nombre considérable d'années. Ils furent clos par la municipalité, le 11 novembre 1792. Le premier acte civil, signé Philippe et Lucas, officiers municipaux, est du 26 décembre 1792.

L'ordonnance royale suivante se trouve sur le registre de 1695, 19 février : « Le Roy, pour le soulagement des parois-
« siens et contribuables, pour empêcher la multiplicité des
« exempts et afin que chacun soit taxé à sa grosse part et
« portion, leur a accordé qu'ils puissent acquérir, au nom
« de leur communauté, les offices de greffier alternatif des
« rôles à partir du mois de novembre 1694, et, pour faire
« ladite acquisition, leur a permis d'emprunter les deniers
« nécessaires au paiement de la finance desdits offices ».

Bannies des terres du Trésor.

Les procès-verbaux de ces bannies, qui se renouvelaient périodiquement, n'étaient pas inscrits régulièrement sur les registres ; peut-être y avait-il un registre spécial pour le Trésor et n'était-ce qu'accidentellement qu'il s'en trouvait sur celui des actes religieux. Le registre de 1700 renferme une bannie de toutes les terres, ainsi qu'il suit :

Une vergée et demie jouxte les obits .	102 s. 6 d.
Une demi-vergée, delle de la Fousse, jouxte la terre de Notre-Dame.........	37 s. 6 d.
Une demi-vergée, delle N..........	100 s.
Une vergée jouxte les représentants du sieur de Semilly.................	60 s.
Cinq vergées, delle du Fond du Val..	4 l. 15 s.

Une demi-vergée, delle des Courtes ....
Une demi-vergée, delle du Fond du Val..............
Une demi-vergée jouxte le sieur de Royville.........
Une vergée et demie, delle des Sept-Acres...........   } Le tout.. 10 l.

Une vergée et demie, N.............	102 s.
Cinq vergées, Fond du Val..........	10 l.
Trois vergées, delle des Courtes, jouxte les représentants du sieur vicomte de Bayeux et les représentants du sieur de Semilly (1)	10 l.
Et le cimetière	4 l.

(1) En 1700, le vicomte de Bayeux était Michel Hermerel, écuyer, sieur de La Ferrière, seigneur de Vaux-sur-Aure (Pluquet, p. 221).

Laquelle bannie pour neuf années, et consentent, lesdits paroissiens, réserver une vergée delle du Néquillon, et trois vergées delle de la Haute-Pêcherie, non comprises, demeurent pour fournir le pain et le vin de l'église.

Le Trésor possédait donc, en 1700, en outre de la réserve ci-dessus, vingt-et-une vergées, dont le revenu était de 51 livres 9 sous 6 deniers, plus le cimetière affermé 4 livres.

En 1717, une assemblée de paroissiens, pour permettre au sieur curé de faire rentrer les revenus arriérés du Trésor, porte les signatures suivantes : Jean de Baudre, *équier*, seigneur d'*Anesle*; François de Banches, *eqr*, seigneur de Grandneuf; Henri de Banches, *eqr*; Gilles de Roqville, *eqr*; Pierre de Baudre, *eqr*; Jean Vaussieux, Michel Désétables, Jean Leboucher et Jean Héroult; puis venait, au bas : de Baudre, d'*Annelle*.

Sur la couverture d'un des registres, on trouve ce renseignement sur la mortalité dans la paroisse :

« Depuis l'an 1760 à 1779 exclusivement, en dix-neuf ans,
« il est mort à Asnelles 202 personnes, savoir : depuis la
« naissance jusqu'à l'âge de dix ans, 87; depuis dix ans
« jusqu'à trente, 19; depuis trente à soixante, 44; depuis
« soixante et au-dessus, 52 ».

Curés.

Le plus ancien registre commence par l'acte de décès (1535) de Maître Thomas Hubert, prêtre, curé de Saint-Martin d'Asnelles, décédé âgé de 55 ans et inhumé dans l'église dudit lieu d'Asnelles.

Ce registre fut commencé par Jacques Tousfaits ou Toustaints, alors vicaire; il succéda comme curé à Thomas Hubert, mais ne signait pas ses actes, et l'interruption des registres ne permet pas de le suivre.

En 1667, Maître Philippe Pellerin était curé d'Asnelles, s'intitulant également curé de Meuvaines; il eut pour vicaires

Michel Lemoque (1675), Philippe Noël (1684), et Jacques Gillot (1692).

On ne trouve pas le décès de Maître Jacques Pellerin, il eut pour successeur Maître Jacques Le Jeune, lequel décéda en 1721.

Son acte de décès, 14 mars : « Inhumé dans le cimetière, « suivant son désir, le corps de vénérable et discrète per- « sonne Maître Jacques Le Jeune, prêtre, curé de ce lieu, « décédé du *iour* précédent, par moi, Adeline, prêtre, curé « du Manoir, doyen de Creully ».

Il eut pour vicaires Le Bouteiller et Julien Villey.

En octobre, il eut pour successeur Maître Robert Hue, lequel décéda le 26 avril 1732 et ne fut remplacé qu'en 1734, par son vicaire, Maître Julien Villey, qui mourut en 1759 et fut inhumé dans le cimetière.

Maître Jean-Baptiste Giard, curé depuis 1759 jusqu'à son décès arrivé le 16 décembre 1788.

Philippe d'Allard prit la cure le 28 janvier 1789 ; il disparut, ainsi que son vicaire Thomas Le Bouteiller. (Ce Thomas Le Bouteiller était le second vicaire de ce nom et non celui qui avait été vicaire en 1721) (1).

Le curé Philippe d'Allard quitta Asnelles dans les premiers jours de juin 1791. Déjà, le 29 décembre 1790, il avait remis la clef de la grange des dîmes au procureur de la commune.

Dans les premiers jours de 1791, des patriotes menacèrent les habitants d'Asnelles, ils s'emparèrent d'une vieille femme et la promenèrent à califourchon sur un âne, la queue dans la main. L'abbé d'Allard se cacha pour leur échapper.

Le dimanche suivant, il déclara à ses paroissiens, à l'issue de la messe, que sa conscience ne lui permettait pas de se rendre au vœu de la constitution civile du clergé ; il fit

(1) Thomas-Marin Le Bouteiller, vicaire d'Asnelles, mort à Londres le 16 juillet 1794, âgé de 32 ans (*Semaine religieuse*, 1866)

remettre au maire les papiers et registres et quitta la commune en témoignant à ses chers paroissiens ses plus poignants regrets.

Sur la liste des personnes réputées absentes de la République et, par conséquent, suspectes, on trouve :

1.° François-Philippe d'Allard, ci-devant curé de notre paroisse, a disparu depuis juin 1791.

2° Thomas-Marin Le Bouteiller, prêtre, originaire de notre commune, n'ayant pas jugé à propos de se soumettre à la loi du serment, est parti; depuis juin dernier qu'il *a* disparu du *payis,* on ne l'a point *raperçu;* depuis longtemps, son frère et sa famille sont domiciliés dans notre communauté.

3° Le citoyen *Gautier,* ci-devant comte de Savignac, au droit de sa femme Charlotte de La Rivière, possède une ferme de sept à huit cents livres, ci-devant seigneur.

L'abbé Philippe remplaça M. d'Allard le 20 novembre 1791. Lors de la fermeture des églises, le 1er floréal an II, l'abbé Philippe cessa ses fonctions de curé et prit celles de maire de la commune. C'est en sa présence que l'agent général de la commune déposa au district de Bayeux les objets du culte : un ciboire, un calice et sa patène, un soleil et son pied, une petite boîte, le tout pesant d'argent 3 marcs, 3 onces et 3 gros; six chandeliers, une lampe d'argent achetée, en 1776, par le prix de 55 livres; encensoirs, croix, burettes, etc., et, quelques jours après, le 9 floréal, dix chapes, six chasubles, tuniques, lingerie, le dais et la bannière.

L'année suivante, l'abbé Philippe quitta sa paroisse, il fut remplacé comme maire par le citoyen Adam, en vendémiaire an III. Le 28 thermidor, il revint à Asnelles et déclara vouloir reprendre les fonctions ecclésiastiques dans l'église d'Asnelles; il demanda acte de sa soumission aux lois de la République.

Dans l'*analyse des archives du Calvados*, par M. Léchaudé d'Anisy, on trouve : Jehan Hélie, prêtre, curé d'Asnelles, ainsi que Allain et Jehan Hélie, ses neveux, le dernier également prêtre, prennent en fief, en 1456, de l'abbaye de Longues, une pièce de terre dans cette paroisse, pour dix-huit boisseaux de froment de rente.

Inhumations dans l'église.

Contrairement aux autres paroisses, on trouve peu d'inhumations dans l'église. Depuis 1665 jusqu'en 1694, nous n'en trouvons que dix-huit ; elles deviennent plus rares dans le siècle suivant ; de 1712 à 1740, les registres n'en mentionnent que cinq.

1665. Guillemette Guillot, fille de Jacques, âgée de 13 à 14 ans.

1665. Marie Basley, veuve de François Désétables.

1666. Octobre, Antoine Désétables.

1669. 12 septembre, damoiselle Madelaine Hébert, veuve de Jean d'Olibel, âgée de 72 ans.

1670. 7 septembre, Jacques Le Boutcillier.

1671. 5 novembre, Jacques Longuet, vivant prêtre obitier, âgé de 54 ans.

1686. Inhumé dans la nef, Jean Morice, âgé de 9 ans.

1687. Inhumée dans l'église, noble demoiselle Catherine Le Sand (pour Le Sens).

1688. 31 juillet, Guillemette Tostain, décédée en l'union des fidèles.

1690. Inhumé dans l'église, Jacques Gillot (sans doute Guillot).

1692. Inhumé dans l'église, Jacques Guillot, âgé de 24 ou 25 ans.

1692. 19 mai, Nicolas Havard.

1692. 26 mai, Madelaine Fouet.

1693. Inhumée dans l'église, une fille de Marie Ferey et de Michel Henri.

1693. 23 janvier, Marie Lieurey, 70 ans.

1694. 29 janvier, inhumé dans l'église, Jacques Le Bouteiller, 62 ans.

1694. Inhumé dans l'église, Michel Désétables.

1694. Inhumé dans l'église, Jacques Desmarais, 55 ans.

XVIIIe siècle.

1712. 2 mai, inhumé dans l'église, Maître Jean Ferey, prêtre, âgé de 73 ans, accompagné de Jean Ferey, de Jean et Antoine Herout, ses neveux.

1717. 14 août, inhumé dans la nef, Michel Désétables, âgé de 72 ans.

1722. Inhumée dans l'église, Marie Canu, femme de Jean Lemarchand.

1737. Inhumée dans l'église, Marie Taillebost, 55 ans.

1740. Inhumé dans la nef, Louis Sanson, 55 ans.

Anciennes familles et familles notables ayant figuré sur les registres et qui ont eu leur inhumation dans l'église.

1683. Le 8 décembre, fut inhumée dans l'église damoiselle Jeanne de Roqville, *écuière*.

1729. 1er avril, inhumation dans l'église de M. Gilles de Roqville, escuier, âgé de viron 68 ans, présence de Le Blais, curé de Crépon; Michel Ouzouf, curé de Bazenville; J.-B. Le Tellier, curé d'Arromanches; Jacques de Beauvais, curé de Sainte-Croix; Julien Villey, prêtre de Meuvaines.

De Baudre. — En 1719, 21 avril, mourut Jean de Baudre, équier, seigneur d'Asnelles, âgé de 73 ans, et fut inhumé le lendemain dans la grande chapelle de ladite église par noble et discrète personne M. Philippe de La Rivière, prêtre, curé de Fresnay, et était suivi de noble et discrète personne Maître Étienne de Baudre, prêtre, curé de Villiers, son fils, et François de Banches, escuier, sieur de Colombel, son *fils en loi*.

1738. Inhumé dans la chapelle Notre-Dame de ce lieu, suivant ses désirs, le corps de noble dame Marie-Anne Le Blais, épouse de Messire de Baudre, escuier, seigneur d'Asnelles, décédée âgée de 40 ans.

En 1770, mourut Messire Pierre de Baudre, le 17 janvier, âgé de 85 ans, mais il fut inhumé dans le cimetière. Et, la même année, le 27 septembre, mort de Mme d'Asnelles, Charlotte Tous*tin* :

« Le corps de noble dame Charlotte Toustain du Manoir,
« veuve de Messire Pierre de Baudre, escuier, sieur d'As-
« nelles, âgée de viron 70 ans, morte du jour d'hier, a été
« inhumé dans la grande chapelle de cette paroisse par
« M. Hue, curé de Ryes, présence de MM. les Curés de
« Crépon, Meuvaines et Arromanches ».

Anciennes familles ayant habité Asnelles.

Quoique tenancier du fief d'Asnelles, il n'est pas probable que Pierre de Marguerie, de 1508 à 1523, ait habité cette paroisse. Dans la Recherche nobiliaire de Montfaut, en 1465, il est indiqué habitant Bayeux, Notre-Dame-des-Bons-Fossés.

François de Méhereuc, par qui le fief d'Asnelles était tenu en 1523, comme ayant épousé Françoise de Marguerie, produisit devant les Élus de Bayeux, cette même année, sous le titre de sieur d'Asnelles, pour lui et son père Denis de Méhereuc, seigneur du fief de Londe, à Trévières, y demeurant; il n'est pas indiqué comme habitant Asnelles, pas plus que son gendre Jean Le Chevalier, ni Jean d'Anisy, des mains duquel le fief passa à Jacques de La Niepce, sieur de Meuvaines.

Les familles de Marguerie et de Méhereuc étaient de très

ancienne noblesse; ils produisirent leurs titres en 1465, 1523, 1598 et 1666 et étaient qualifiés de vieille noblesse. Les de Marguerie étaient divisés en plusieurs branches qui habitaient Bayeux, Tour, Étréham et Airel. Ils portaient : *d'azur, à trois marguerites d'argent œilletées d'or, au pied feuillé de sinople.*

Les de Méhereuc étaient de Trévières, où ils habitaient; il est probable que François, qualifié sieur d'Asnelles, y habitait également. Comme les de Marguerie, ils produisirent leurs titres dès 1465 et étaient réputés de vieille noblesse. Leurs armes étaient : *d'argent, au chef d'azur, bordé de gueules.*

La famille Le Chevalier était également d'ancienne noblesse ; ils étaient répandus autour de Formigny, Longueville, Engranville; ils portaient : *d'azur, à trois chevaliers (oiseaux) d'argent, au chef d'or.*

En 1526, Mme de Mesnilsalles-La Rivière est désignée sous le nom de dame d'Asnelles, et, en 1598, dans la Recherche nobiliaire de Roissy, on trouve : Thomas de La Rivière, sieur de Missy, lieutenant des élections de Caen, a pour fils Charles et Gaspart ; Jacques, frère dudit Thomas et sieur de La Motte, *demeurant* à Asnelles, sergenterie (1) et élection de Bayeux, a pour fils François de La Villère ; vu leurs titres et Montfaut, jouiront. C'est la même famille que nous retrouvons possesseur du fief d'Asnelles à la fin du XVIIIe siècle et habitant Meuvaines ; ils portaient : *trois tourteaux de sable en champ d'argent.*

La famille de La Rivière posséda donc le fief d'Asnelles ou moitié du fief d'Asnelles, avec François de Méhereuc, de 1526 à 1598; après, on ne retrouve pas cette famille avec le titre de sieur d'Asnelles ; mais, en 1692, Nicolas de La Rivière ayant épousé Antoinette de La Niepce, dame d'Asnelles, reprend cette qualification.

(1) Erreur du registre des nobles de 1598; on doit lire : sergenterie de Graye.

La famille de La Niepce avait acquis le fief d'Asnelles en partie de Jean-François d'Anisy, écuyer, sieur de Berville, en 1646. Avant la recherche de l'intendant Chamillard, en 1666, cette famille n'avait pas produit de titres de noblesse, et, lors de cette recherche, Pierre de La Niepce fut renvoyé; voici la note qui le concerne :

« Pierre de La Niepce, de la paroisse de Meuvaines,
« élect. de Bayeux, condamné, le 6 octobre 1666, à 2.000
« fr. d'amende. — Originaire de Caen et fils d'un bourgeois
« de Caen, originaire de Meuvaines, où Richard, son aïeul,
« était imposé et toute sa famille qui n'a jamais pris la qua-
« lité de noble, ladite qualité n'est justifiée ni par écrit ni
« par témoins sur les lettres de prétendue dérogeance ».

Sur appel, le même *maintenu noble* par arrêt du Conseil, le 11 août 1667.

Famille de Baudre.

Cette famille est de très ancienne noblesse, elle portait: *d'argent, au croissant de gueules accompagné de six merlettes de même, posées 3, 2 et 1.*

D'après Montfaut, en 1465, Guillaume de Baudre était de la dizaine de Saint-Lo, élection de Carentan. Ils étaient seigneurs de Saint-Ouen de Baudre, paroisse aux environs de Saint-Lo. La recherche des Élus de Bayeux de 1523 mentionne un partage de succession entre Jean et Guillaume, de cette paroisse, de leur aïeule Claire de Baudre, du 12 février 1392. En 1589, il y avait Jacques, sieur de la Juganière, paroisse d'Agneaux, élection de Coutances. Cette famille était très nombreuse, plusieurs branches s'étaient fixées aux environs de Bayeux, à Littry, Campigny, Le Tourneur. C'est de cette branche fixée au Tourneur que descendait M. de Baudre d'Asnelles, paroisse où il se fixa au commencement du XVIIIe siècle, vers 1717, où il apparaît pour la première fois sur les registres avec le titre de seigneur d'Asnelles.

Il y avait eu une alliance entre les de Bauches de Colombel et les de Baudre, car, en 1734, eut lieu, à Ver, le mariage d'Ambroise Loir avec demoiselle Françoise de Banches, fille du feu sieur de Colombel et de Geneviève de Baudre, de la paroisse d'Asnelles.

En 1718, mariage, à Asnelles, de noble demoiselle Marie-Anne de Baudre, fille de Jean de Baudre, écuyer, sieur d'Asnelles, et de noble dame Marie Bures, avec Regnier de Baudre, son cousin, de la paroisse du Tourneur. Jean de Baudre était alors marié en secondes noces à la veuve de M. de Banches ; il mourut en 1719, âgé de 73 ans, et fut inhumé dans la grande chapelle de l'église, en présence de François de Banches, escuier, seigneur de Colombel, son *fils en loi,* et de Estienne de Baudre, son frère, curé de Port.

Son fils Pierre, escuier, sieur d'Asnelles, épousa à Crépon, en 1724, noble demoiselle Marie-Anne Le Blais. Il se remaria plus tard avec noble demoiselle Charlotte Toustain du Manoir, qui décéda en 1770. — *Mort de* Mme *d'Asnelles.*

Estienne de Baudre, curé de Villiers-sur-Port, était mort le 17 février 1722.

En 1742, le 30 août, Pierre de Baudre, *chevalier, seigneur d'Asnelles,* reconnaît avoir vendu, baillé en pur et loyal échange, afin d'héritage pour lui et ses hoirs, à M. Philippe de La Rivière, écuyer, aussi seigneur d'Asnelles et autres lieux, savoir le fief d'Asnelles, noblement tenu à court et usages, tant en domaine fiefs qu'en hommes, hommages et rentes tant en grains que argent, œufs et oiseaux, droit de vracages et choses quelconques audit fief appartenant.

M. de Baudre était donc propriétaire du fief d'Asnelles soit par acquisition ou par alliance avec la famille La Niepce de Meuvaines.

Pierre de Baudre eut de son mariage avec Marie-Anne Le Blais un fils, baptisé à Asnelles le 21 juin 1738, nommé

Guillaume par Guillaume de Baudre, prêtre, escuier, seigneur d'Asnelles, assisté de Marie-Anne-Françoise de Baudre. Sa mère, Marie-Anne Le Blais, était morte en lui donnant le jour.

1738. 4 mai, inhumé dans la chapelle Notre-Dame de ce lieu, suivant son désir, le corps de noble dame Marie-Anne Le Blais, épouse de Messire de Baudre, escuier, seigneur d'Asnelles, décédée âgée de 40 ans.

1770. 21 décembre, convention pour le futur mariage entre Messire Guillaume de Baudre, escuier, seigneur d'Asnelles, fils de feu Messire Pierre de Baudre, en son vivant seigneur d'Asnelles, et de feu noble dame Marie-Anne *de* Blais, ses père et mère, d'une part, et noble demoiselle Marie-Rosalie-Adélaïde de Costard, fille de Messire Jean-Alexandre Chevalier, seigneur de Saint-Léger et Plain-Chêne, de la Ranconnière et autres lieux, chevalier de l'ordre royal et militaire de Saint-Louis, gouverneur des ville et château de Toucques, capitaine général et commandant la capitainerie des gardes-costes de Toucques, et de noble dame Marie de Lieurey, ses père et mère, demeurant en leur terre de Saint-Gratien, diocèse de Lisieux.

De ce mariage, un fils et une fille dont on ne trouve pas l'acte de décès, mais qui ont dû mourir avant leurs parents. La fille décédée en 1777.

1770. 17 janvier, décès de Messire Pierre de Baudre, escuier, seigneur d'Asnelles, âgé de 85 ans et 4 mois; a été inhumé dans le cimetière de ce lieu, comme il l'avait désiré, par discrète personne Bon-Thomas de Jean, curé de Meuvaines, présence de M. Youf, vicaire de ladite paroisse, et autres prêtres appelés à l'inhumation par nous, curé d'Asnelles,

1770. 27 septembre, mort de Mme d'Asnelles, Charlotte Toustin. Le corps de noble dame Charlotte Tous*tain* du Manoir, veuve de Messire Pierre de Baudre, escuier, sieur d'Asnelles, âgée de viron 70 ans, morte du jour d'hier, a été inhumé dans la grande chapelle de cette paroisse par M. Hue, curé de Ryes, présence de MM. les Curés de Crépon, Meuvaines et Arromanches.

1779. Inhumée demoiselle Victoire-Adélaïde de Baudre, fille de Messire Guillaume de Baudre et de dame Marie-Rosalie de Costard, âgée de 16 mois.

Le 17 germinal an VII, vente du château d'Asnelles. Fut présent Guillaume de Baudre, citoyen français, demeurant commune d'Asnelles, canton de Crépon, lequel, par ces présentes, volontairement, reconnaît avoir vendu, au profit et bénéfice de Louis-Jean Berthauld, aussi citoyen français et demeurant en la commune de Bayeux, rue des Bouchers, section de l'Égalité, présent et acceptant, plusieurs corps de bâtiments, maison manable, maison de ménage, cour, basse-cour, colombier, jardins potagers, pièce de terre, bosquets, clos de murs.

M. de Baudre s'était réservé la jouissance de cette propriété jusqu'à sa mort qui arriva le 10 décembre 1812.

Commune d'Asnelles : Acte de décès de Guillaume de Baudre, décédé le 9, à minuit et demi du matin, sans profession, âgé de 74 ans, né à Asnelles, département du Calvados, demeurant à Asnelles. Il était fils de feu Pierre de Baudre et de feu Marie-Anne Le Blais et époux de feu Marie-Rosalie-Adélaïde Costard.

En lui s'éteignit cette branche de la famille de Baudre.

Les termes de la vente faite par M. de Baudre à M. Berthauld indiquent assez que cette habitation, située au milieu d'un parc clos de murs, ayant un colombier, était le château d'Asnelles et la demeure du seigneur tenancier du fief principal d'Asnelles, fief assis sur les terres que Pierre de Baudre vendit, le 30 août 1742, à Messire Philippe de La Rivière, aussi seigneur d'Asnelles.

Cette habitation a dû subir des transformations, une seule cheminée, dans le style du XVIIe siècle, indique une construction antérieure. Tel qu'il est aujourd'hui, ce château ne porte pas le cachet des maisons de la riche bourgeoisie du commencement du XVIIIe siècle, qui avaient généralement une porte d'entrée accompagnée de pilastres et corniches surmontés d'un fronton triangulaire ou cintré, telles que Fresney, Bazenville, Pierrepont, etc.

De Banches de Colombel.

Anoblis en 1597, portent : *d'azur, au soleil d'or en chef, environné de nuages d'argent, à un poignet tenant une épée d'argent en pal, accostée de deux étoiles du même métal.*

Guillaume Ier fut anobli en 1597 pour services. Escuier, sieur de la Fontaine-Colombel, syndic de la ville de Caen, 72 ans, demeurant paroisse Saint-Jean, produisant ses titres en 1666, ainsi que Adrien, sieur de Hedis, paroisse de Tourville-sur-Odon, sergenterie de Villers.

Cette famille figure sur les registres d'Asnelles, en 1717, par le mariage de François de Banches, escuier, sieur de Colombel, avec Geneviève de Baudre, célébré à Asnelles, le 25 janvier 1717, avec dispense de parenté au quatrième degré, présence de Pierre de Baudre, son frère, et Marie de Baudre, sa sœur. De ce mariage, il y eut trois filles, nées et baptisées à Asnelles.

En 1726, on trouve le mariage de Henri de Banches, escuier, sieur de Colombel, fils de M. Guillaume de Banches, sieur de Colombel, et de demoiselle Marie Le Boucher, d'une part, et demoiselle Marguerite de Blanvillain, fille de Louis et de demoiselle Hue, de la paroisse Saint-Gilles de Caen.

En 1727, inhumation de M. Guillaume de Banches, escuier, sieur de Colombel, âgé de 80 ans.

Cette famille ne possédait aucun fief à Asnelles, puisqu'elle ne prenait aucun titre de sieurie dans cette paroisse ; unis à la famille de Baudre par une double alliance, ils habitaient probablement ensemble, Geneviève de Baudre épousant son cousin germain, quatrième degré.

Famille Le Sens.

Ancienne famille noble ; ayant été renvoyés par Montfaut en 1465, ils furent rétablis dans leur noblesse en 1470 ; portent : *de gueules, au chevron d'or, accompagné de trois encensoirs d'argent.*

Cette famille est signalée, en 1485, comme habitant Lion-sur-Mer et Perriers, sergenterie de Ouistreham.

Dans la Recherche de Roissy, en 1598, on trouve :

Jacques Le Sens, fils de Jacques, *demeurant à Asnelles,* sergenterie de Graye, élection de Bayeux, ainsi que Ludovic, fils Olivier, frère dudit Jacques.

Dans le Rôle des fiefs du grand bailliage de Caen, en 1640, le fief d'Asnelles est possédé par Charles Le Sens.

Dans la Recherche de Chamillard, en 1666, c'est Charles Le Sens, âgé de 60 ans, qui produit ses titres sous le nom de sieur d'Asnelles.

Il ne paraît pas que cette famille ait habité Asnelles dans le cours du XVIIe siècle, on n'en trouve qu'une seule mention sur les registres, en 1687 : Inhumation dans l'église de noble demoiselle Catherine Le Sens, veuve de feu Charles Le Sens, escuier, seigneur d'Asnelles, et épouse en deuxièmes noces de noble homme Charles Baudoin, seigneur de Fresney-Cingal. Pendant le XVIIIe siècle, on n'en trouve aucune mention.

La famille de Baudre paraissant à Asnelles, au début de ce siècle, comme possédant le fief d'Asnelles et habitant le château, remplace la famille Le Sens, soit par héritage, soit par acquisition.

Il pouvait également y avoir parenté entre les deux familles, car, en 1610, Charles de Bures avait épousé Charlotte Le Sens et Jean de Baudre avait épousé Marguerite de Bures avant 1687.

Nous trouvons en effet :

17 messidor an II. — Reconnaissance de rente du citoyen de Baudre, demeurant commune d'Asnelles, au citoyen Ambroise de Lacour, lieutenant de vaisseau à Brest, de trois parties de rentes anciennement dues, aux termes de licitation du 20 octobre 1687, entre Jean de Lacour, ayant épousé Marie de Bures, et Jean de Baudre, ayant épousé Marguerite de Bures, sœur de ladite Marie.

Meuvaines

I. — Extraits historiques sur Meuvaines.

On lit dans le manuscrit de l'abbé Beziers (Bibliothèque du chapitre de Bayeux) :

Meuvaines (Saint-Manvieux de), sergenterie de Graye, 84 feux ; 200 communiants. Notariat de Ver. Pas sur le bord de la mer. Le ruisseau de Roullecrotte passe devant le cimetière.

Le plus grand nombre de maisons autour de l'église, entre autres celle du seigneur. Deux hameaux, celui du Marais et celui des Roquettes, composés de neuf à dix maisons.

Raoul de Juvigny, en 1206, donna aux religieux de Longues la dîme de tout son marais de Meuvaines. Le patronage, qui, en 1354, était à Raoul de Malherbe, passa peu après à l'abbé de Saint-Julien de Tours. M. l'Évêque de Bayeux y présente aujourd'hui au droit de l'abbé, depuis la réunion de la mense abbatiale au Collège des Jésuites de cette ville qui ont les deux tiers de la dîme et le chapitre l'autre tiers. Le revenu est dans la grosse et petite dîme de Maronne, hameau dépendant de Meuvaines.

C'est la patrie de Marin du Viquet, docteur et professeur de médecine de l'Université de Caen, mort en 1550 ; son fils, avocat général au Parlement de Rouen, mourut en 1640.

A l'article de Meuvaines, dans le compte rendu des vicomtes de Bayeux de 1560, il est dit :

Jehan de Mauvoisin, pour le compte de sa dame et la dame de la Poterie, 50 livres pour le fief de Meuvaines, acquis de Thomas et Louis Longuet, en 1514. — 1501, Jean Poucet, curé de Meuvaines, devint chanoine de Merville, en la cathédrale de Bayeux.

M. Philippe de La Rivière de Meuvaines, prêtre, curé de Fresney-sur-la-Mer, frère de M. Clément de La Rivière, chevalier haut justicier de Meuvaines, fit son testament le 1er juin 1731, par lequel il donna : 1° 1.600 livres aux obits de Fresney ; 2° aux curés et obitiers d'Asnelles, 300 livres ; 3° à ceux de Meuvaines, 600 livres ; 4°à la paroisse de Meuvaines, 5.000 livres, pour fonder à perpétuité deux sœurs de la Providence pour servir de maîtresses d'école dans les paroisses de Meuvaines, d'Asnelles et Fresney ; 5° 1.000 livres, dont le revenu sera employé pour avoir des médecins pour les pauvres ; 6° enfin, aux curés et obitiers de Saint-Germain-de-Crioult, 200 livres ; ces sommes sont évaluées à 8.000 livres.

Le sieur Crevel, avocat à Caen, l'un des légataires, a affecté des terres de sa seigneurie de Creullet pour payer aux susdits donataires la somme de 435 livres de rente foncière ; c'est-à-dire : à Saint-Germain-de-Crioult, 10 livres ; à Asnelles, 15 livres ; à Fresney, 80 livres ; à Meuvaines, 30 livres ; aux sœurs de la Providence, 250 livres ; aux habitants de Meuvaines, pour les médecins, 50 livres ; l'acte en a été passé à Creullet, le 30 novembre 1752.

Huet, dans ses *Origines de Caen*, page 370, s'exprime ainsi sur du Viquet :

« Nous ne devons pas oublier ici les du Viquet père et

fils ; le père, nommé Marin, dans les actes latins, prenait le
nom de Marius. Il était natif de la paroisse de Meuvaines ; il
prit le dégret de docteur dans la Faculté de médecine de
l'Université de Caen, l'an 1547. Il fut ensuite professeur de
cette Faculté et enfin recteur de l'Université. Il a écrit avec
élégance ce qui est arrivé dans sa magistrature ; il fut éche-
vin de Caen vers l'an 1560. Son fils fut avocat général au
Parlement de Rouen, après avoir été longtemps avocat. Son
éloquence, la vivacité et l'agrément de son esprit lui acqui-
rent beaucoup de réputation. Il mourut l'an 1649 ».

I. — L'église.

M. de Caumont consacre un très long article à l'église de
Meuvaines (*Statistique monumentale*, t. V, p. 557) qu'il
trouve digne d'intérêt. Il en donne plusieurs dessins : la
façade, les statues du portail et le plan de l'église. Elle est
de style roman et présente également la maçonnerie en
arête de poisson. Les modillons de l'entablement, les fenêtres, la partie supérieure de la tour sont de construction
plus récente que le corps principal de l'église et ne date-
raient, dit M. de Caumont, que du XVIIe siècle, tandis que
l'église serait de la fin du XIIe. Quelques statues ont également fixé son attention : celle de saint Manvieu, patron de la
paroisse, et celle de sainte Barbe, qui lui paraissent du
XVIe siècle, et deux statues en bois qui ne sont pas sans
mérite et datent de la fin du XVIIe siècle.

Des sépultures anciennes ont été trouvées sur le mont
Mathan, coteau placé à l'est de l'église, et les fragments de
fer d'anciens bracelets, de cercles de bronze indiquent une
haute antiquité.

Patronage.

Ainsi que nous venons de le dire plus haut, le patronage,
qui avait d'abord été laïque sous la descendance de Radulph

de Malherbe, passa ensuite à l'abbé de Saint-Julien de Tours, puis, plus tard, à l'évêque de Bayeux; une inscription qui existait au-dessus de la porte de la salle Saint-Regnobert, dans l'ancien palais épiscopal de Bayeux, portait que Meuvaines était bénéfice de M. l'Évêque au droit de l'abbé de Saint-Julien.

Les deux actes suivants inscrits aux registres de cette paroisse indiquent que l'abbé de Saint-Julien était encore patron en 1714 :

1714. 28 août. Dans l'église de Meuvaines, par moi Thomas Le Tellier, prêtre, curé de Meuvaines, a été fait un service pour le repos de l'âme de mon bienfaiteur Messire Louis de Catinat, prêtre, bachelier de la sacrée faculté de Paris, illustrissime abbé de Saint-Julien de Tours, seigneur et patron dudit lieu de Meuvaines, dont le corps fut inhumé dans l'église de son abbaye le 28 juin, auquel assistait Messire de La Rivière, prêtre, curé de Fresney-sur-la-Mer, parent du feu sieur abbé.

Du 1er octobre 1714, a été, par moi Thomas Le Tellier, prêtre, curé de Meuvaines, fait faire le service trentain dans l'église dudit lieu pour le repos de l'âme de mon bienfaiteur Messire Louis de Catinat, illustrissime abbé de Saint-Julien de Tours, en Touraine, en cette qualité, seigneur et patron de Meuvaines.

Messire Louis de Catinat fut sans doute le dernier abbé de Saint-Julien présentateur à la cure de Meuvaines. Son parent, Messire Philippe de La Rivière, curé de Fresney-sur-la-Mer, prit le titre de seigneur de Meuvaines et celui de *patron honoraire,* ainsi que le constatent son acte de décès et un acte de donation transcrits sur les registres, comme on le verra plus loin.

Il n'est intitulé que *patron honoraire,* le patronage effectif avec droit de présenter à la cure étant passé à l'évêque de Bayeux.

III. — Meuvaines.

Ce petit village, composé aujourd'hui de quelques maisons « groupées dans un pittoresque désordre et à demi « caché par les ondulations de la vallée » (1), devait avoir anciennement une importance plus considérable que le village d'Asnelles, composé alors de cabanes de pêcheurs. Les nombreuses donations de terres et de rentes à prendre sur le territoire de Meuvaines, faites à différentes abbayes, indiquent qu'il devait y avoir dès le XIIIe siècle de riches et puissants propriétaires.

On trouve, en effet, dans les Archives du Calvados, pour le XIIIe siècle :

1220. Alix, veuve de Raoul de Malherbe, donne, en 1220, après le décès de son mari, à l'abbaye de Sainte-Marie de Longues, une demi-acre de terre située à Meuvaines, dans la perrelle du Marais.

1229. Joachim de Fontenay, prêtre, fils de Robert, fils Sellon, chevalier, donne, en 1229, à l'abbaye de Fontenay, une pièce de terre située dans les monts de Meuvaines.

1231. Alix, veuve de Raoul de Malherbe, donne, en 1231, à l'abbaye de Sainte-Marie de Longues, une pièce de terre située à Meuveignes ou Meuvaines, au-dessous du champ Roger-le-Sénéchal, sur la route de Fresney.

1259. Martin, dit Paulmier de Meuvaines, donne à l'abbaye de Sainte-Marie de Longues, en juillet 1259, un quarteron de froment de rente pour le salut de l'âme de son oncle, Samson Le Paulmier, prêtre.

1263. Jean de Malherbe, fils de Henri de Malherbe de Meuvaines, donne, en 1263, à Richard, fils d'Alexandre de Coucelles ou Courseuilles, lors de son mariage avec sa sœur Clarisse de Malherbe, un demi-muid de froment et

______
(1) M. le docteur Labbey.

sept septiers d'orge de rente, mesure de Sainte-Croix-sur-Mer, à prendre sur la dîme de cette paroisse, et si ladite Clarisse venait à mourir sans enfants, il est dit que cette rente reviendrait aux héritiers dudit Jean de Malherbe.

En 1272, cette rente fut vendue au prieuré de Sainte-Barbe-en-Auge.

1275. Gislain de Meuvaines vend à Jumièges, en 1275, diverses redevances à prendre sur le moulin d'Oisy.

1275. Agnès, veuve de Robert de Meuvaines, donne à l'abbaye de Jumièges, pendant sa viduité, en 1275, tous les droits qu'elle peut avoir sur le moulin de Saint-Aubin d'*Osy*-sur-Saison.

L'abbaye de Mondaye possédait également des terres à Meuvaines. En 1232, Richard de Malherbe de Meuvaines, chevalier, fut un des bienfaiteurs de l'abbaye de Mondaye.

En 1246, Pierre Levavasseur de Maronne, fils de Ranulph, est également indiqué comme un des bienfaiteurs de cette même abbaye.

En 1206, Raoul de Juvigny donna à l'abbaye de Longues la dîme de tout son marais de Meuvaines (Abbé Beziers).

IV. — Registres.

Bien que ces registres remontent à 1575 et soient assez bien conservés sans déchirures, ils sont à peine lisibles et offrent peu d'intérêt, ce n'est guère qu'un siècle après qu'on relève des actes intéressant les familles principales de cette paroisse.

Un de ces registres offre un intérêt tout particulier par les annotations dont il est chargé tant en marge que dans l'intérieur, c'est celui tenu par Maître Thomas Le Tellier, qui fut curé de Meuvaines de 1712 à 1759.

Il manque un registre, de 1669 à 1676; ce registre étant resté saisi entre les mains des héritiers de feu Maître Pellerin, prêtre, curé de Meuvaines. Ce registre se trouve parmi ceux d'Asnelles; il avait sans doute été remis au curé de cette paroisse, desservant provisoire, qui s'en était servi pour inscrire indistinctement les actes de deux paroisses.

Parmi les notes de Maître Thomas Le Tellier, nous relèverons les plus intéressantes ; ces notes donnant sur certains événements des dates certaines.

On trouve d'abord la copie *in extenso* de la déclaration du roi sur la tenue des registres des baptêmes, mariages et sépultures, donnée à Versailles en 1736 et enregistrée au Parlement le 13 juillet. Cette déclaration contient dix-sept articles.

En remontant plus haut, on trouve :

1714. Messire Louis de Catinat, abbé de Saint-Julien de Tours, en Touraine, y décéda et son corps fut inhumé dans ladite abbaye le 25 juin 1714.

1715. Le dimanche 16 juin décéda à Bayeux Messire François de Nesmond, évêque de Bayeux.

1715. Le 1ᵉʳ septembre décéda Louis XIV, roi de France.

1719. 14 juillet, décéda Maître Gratien Maheut, prêtre, curé de Sainte-Croix-sur-Mer.

1719. 30 septembre, décéda Maître Antoine Blanlo, prêtre, curé d'Arromanches.

1721. Prise de possession de M. de Lorraine, évêque de Bayeux.

1721. Maître Pierre-Daniel Huet, évêque d'Avranches, décéda à Paris le 25 janvier 1721.

Viennent ensuite : 1721. Maître Jacques Lefèvre, curé d'Asnelles. — 1726. Le 21 mai, Messire Jean-Hélye André, prêtre, curé de Ryes, première portion, doyen de Creully.— 1727. Le dernier jour d'avril, Maître Pierre Allais, prêtre, curé de Colombiers-sur-Seulle. — 1727. Le 19 août, le curé de Tracy-sur-Mer.

Le 27 septembre 1729, M. Paul d'Albert de Luynes fut nommé évêque de Bayeux.

1729. Décès de Messire Charles de La Rivière, prêtre,

curé de Fresney-sur-la-Mer, à Caen, paroisse Notre-Dame, où il fut inhumé.

1732. Maître Robert Hue, prêtre, curé d'Asnelles. — 1732. 25 août, Maître Jacques de Beauvais, prêtre, curé de Sainte-Croix. — 1733. 15 mars, Messire Jacques Le Blais, curé de Crépon. — 1732. 22 janvier, Maître Laurent Costil, prêtre, curé de Ryes. — 1736. Maître J.-B. Longuet, prêtre obitier de Meuvaines et curé de Fresney-sur-la-Mer. — 1737. 23 décembre, Maître Thomas Vautier, curé de Bazenville. — 1739. Décéda M. Ch. Malherbe, prêtre, curé de Ryes, *pro seconda*. — 1742. 26 février, Maître Bénard, prêtre, curé de Villiers-le-Sec. — 1743. 1ᵉʳ février, David Le Blais, curé de Banville. — 1743. 6 avril, Maître Piperel, curé de Magny. — 1745. Mars, Maître Adeline, curé du Manoir, doyen de Creully.

Tremblement de terre.

Entre trois et quatre heures après minuit, du jeudi au vendredi 5 de novembre 1734, il y eut un tremblement de terre qui dura environ l'espace d'un *Miserere*, avec un grand bruit dans l'air.

Arpentage.

L'année 1741, le terroir de Meuvaines fut arpenté par un nommé Bédouelle, arpenteur de Saint-Contest, près l'abbaye d'Ardennes. Le presbiter contient 122 perches 2 pieds. Il mesura tout le terrain de Meuvaines, à la requête de M. de La Rivière, escuier. J'ai lu son papier terrier ; il y a seulement 121 perches 4 pieds pour l'entretenant, le petit jardin du presbiter ancien 5 perches, le cimetière 28 perches 14 pieds. La chapelle de Maronne 22 perches.

La petite maison au jardin du sir de La Rivière au droit de M. de Change, proche le presbitère, 8 perches 10 pieds.

L'église de Meuvaines : la nef 83 pieds de longueur, 22

environ de largeur, 35 pieds depuis l'entrée du chœur voûté jusque contre le gâble, derrière le contrétable.

Mission.

Copie de la fondation faite au père Robert..., recteur du Collège royal des Jésuites de Caen, et le père Touzard, procureur dudit collège, de 2.000 livres par Messire Philippe de La Rivière de Meuvaines, prêtre, curé de Fresney-sur-la-Mer ; seigneur et patron honoraire de Meuvaines, Asnelles, Maronne, Saint-Gabriel et Haut-Manoir ; patron présentateur aux bénéfices dépendant de l'abbaye royale de Saint-Julien de Tours, ordre de Saint-Benoît et de Notre-Dame de Longues, ordre de Cluny ; et fait savoir que moyennant ladite somme, les révérends pères s'obligent, pour eux et leurs successeurs, de faire une mission en la paroisse de Meuvaines, et en cas d'obstacles dans cette paroisse, ladite mission serait faite dans l'église d'Asnelles ou de Fresney-sur-la-Mer, qui dépend dudit seigneur ; ladite mission durera quatre semaines de cinq ans en cinq ans ; pour la première fois le 1er février 1736.

Restauration de la chapelle de la Vierge.

Par délibération des paroissiens de Meuvaines faite devant Maître Pierre Le Vallois, notaire à Ver, le 7 novembre 1740, ont été acceptées les offres de Maître Thomas Le Tellier, originaire de Saint-Nicolas de Caen, prêtre, curé de Meuvaines, pour refaire le lambris de la chapelle de la Sainte-Vierge de ladite paroisse ; pour ce que ledit par lui fournira les bois et clous nécessaires ; et faire à ses frais un contrétable à ladite chapelle, selon la forme et dessins qu'il jugera à propos ; parce que néanmoins son nom sera écrit dans la table ou mémoire des fondations déposé dans la sacristie, pour être participant aux prières de la confrérie ;

et que copie de ladite déclaration sera mise dans le coffre du trésor. Ledit contrétable de la chapelle Notre-Dame a été fait l'an 1741.

Bénédiction de croix.

Du 13 décembre 1733 : j'ai, Thomas Le Tellier, prêtre, curé de Meuvaines, béni les trois croix placées suivant l'intention de feu noble homme Messire Charles-Philippe de La Rivière, prêtre, curé de Fresney-sur-la-Mer, marquée dans son testament : la première au milieu du chemin du bout de la chaussée ; la seconde au haut de la rue de Fresney ; la troisième au chemin de Bayeux, au bout des héritages de feu Nicolas Villey, où il restait le fondement d'une ancienne croix. Ladite bénédiction faite présence des paroissiens, suivant la permission à moi accordée par MM. les vicaires généraux de Mgr l'Évêque de Bayeux. A ladite bénédiction ont assisté Messire Guillaume de Baudre, prêtre obitier de Meuvaines, Jean Le Couturier et autres.

Bénédiction de cloches.

Dimanche 17 juillet 1752, dans l'église de Meuvaines, ont été bénites les trois cloches dudit lieu par moi, Thomas Le Tellier, prêtre, curé : desquelles, la plus grosse a été nommée Madelaine par noble dame Madelaine-Louise-Charlotte d'Annivay, marquise de La Rivière, baronne, châtelaine haute justicière de Baudemont, Ticos, Le Busc et autres lieux, dame patronnesse de Boisgéroseux et autres terres et seigneuries, veuve de Messire Philippe-Antoine-Victor de La Rivière, chevalier, seigneur et patron de Crioult, Gouvey, Asnelles, Maronne, Meuvaines et autres terres et seigneuries, assistée de Messire Pierre-Charles de La Rivière, son fils, chevalier, seigneur desdits terres, fiefs et seigneuries, représentés et stipulés par Maître Antoine Mouillard,

sieur des Iles, garde-chasse de ladite dame marquise de La
Rivière. La seconde nommée Catherine par moi, Thomas
Le Tellier, prêtre, curé dudit lieu, assisté de noble demoiselle
Catherine-Anne-Charlotte de La Rivière, fille aînée de
Messire Philippe-Antoine-Victor de La Rivière, seigneur
et patron, etc..., stipulée et représentée par ledit Mouillard
des Iles. La troisième nommée Anne par noble demoiselle
Anne-Gui de La Rivière-Meuvaines, fille seconde de Messire, etc.., assistée de noble homme Messire Jacques-Char-
les Le Blais, stipulés et représentés par ledit Mouillard. La
bénédiction faite présence de Maître J.-B. Langel, prêtre,
vicaire, Maître Pierre Le Bouteiller, prêtre obitier, Antoine
Mouillard, stipulant, François Tostain, trésorier en charge,
prêtre, Pierre Le Révérend, Jacques Fouquet, Jacques Bouteiller, Pierre Foucques, Jacques Fouchaux, Jean Bonet,
Pierre Jourdan, Maître Jacques Longuet et autres.

Assassinat de M. de La Rivière.

Le 10 février 1751, fut assassiné, dans son manoir sei-
gneurial, en la paroisse d'Écos, à trois lieues de la ville de
Vernon, à dix heures et demie du soir, Messire Philippe-
Charles-Victor de La Rivière, seigneur de Meuvaines,
Saint-Germain-de-Crioult, par un coup de fusil qui lui
coupa la langue, par un nommé Pierre-Robert Delu dit
Bellemare, de ladite paroisse d'Écos ; il fut accusé, atteint
et convaincu par sentence à la ville de Gisors, dont le procureur du roi et ledit Delu appelèrent à Rouen ; la sentence
confirmée, et rompu vif, le 14 octobre 1751, à Rouen ; et
Sébastien Bicère fut accusé de complicité et fut élargi, condamné seulement à 12 livres d'amende envers la chapelle de
l'auditoire pour avoir menti dans les interrogations. Ceci
tiré de l'imprimé de ladite sentence ; les biens de Delu con-
fisqués audit seigneur et avec 2.000 livres d'enterrinement. Il

fut arrêté à Perpignan, ville de France, capitale du Rouxillon, à 175 lieues de Paris.

M. de La Rivière fut inhumé le 12 février, à la paroisse d'Écos.

V. — Inhumations dans l'église pendant le XVIIIe siècle.

Quelques-unes fin du XVIIe siècle.

1671. Inhumée dans l'église, demoiselle Françoise La *Nièce,* âgée de 75 ans.

1675. Inhumée, Madelaine Julien, femme de François de la Bresce, dans l'église de Saint-Manvieux de Meuvaines.

1676. Inhumée, Françoise Longuet, veuve de Roquart, bourgeois de Caen, dans l'église.

1678. Inhumé dans l'église, le corps de Maître François Bourgueze, prêtre obitier de ladite église, âgée de 78 ans, par moi Jean Hue, curé de Meuvaines.

1685. Inhumé dans la chapelle Sainte-Anne, le corps de dame Antoinette de Morel, femme de Charles Heuste, écuyer, sieur de La Motte, du précédent, veuve de Michel de La Niepce.

1686. Inhumé dans l'église, Guillaume Longuet, prêtre, curé de Colombiers, demeurant depuis quelques années en ladite paroisse de Meuvaines.

Inhumations dans l'église du XVIIIe siècle.

1707. 7 août, inhumé dans l'église, le corps de Renée Tostain, femme de M. Jacques Longuet, procureur au présidial de Caen, âgée de 50 ans.

1718. Aujourd'hui 4 octobre 1718, inhumé dans l'église, Maître Jacques Longuet.

1720. Inhumé dans la nef de l'église, proche la chaire évangélique, François de La Niepce, âgé de 70 ans.

1721. Décéda au presbitère de Meuvaines, M. Bon-François Le Tellier, bourgeois de Saint-Nicolas de Caen, âgé de 72 ans, inhumé dans la nef de l'église, sous la chaire évangélique.

1724. Décéda dans la maison de Robert Villey, Robert de La Rivière, fils de Messire Clément de La Rivière, escuier, et de feu Élisabeth de Bellemare, âgé de 9 mois ; son corps fut inhumé dans la chapelle de la Sainte-Vierge, proche le marchepied de l'autel, du côté du midi.

1725. Inhumé dans l'église, Émon Longuet.

1726. Inhumé dans la chapelle de la Sainte-Vierge, au coin de l'autel, vers la mer, de l'église de Meuvaines, le corps de noble dame Antoinette de La Niepce, veuve de Messire Nicolas de La Rivière, sieur de Mesnisalles, a été inhumée par noble et discrète personne Messire J.-J. Le Blais, prêtre, curé de Crépon, décédée du jour précédent, âgée de 74 ans.

1727. Inhumée dans l'église, Aimée Martin, veuve de Maître Bon-François Le Tellier, décédée au presbitère.

1728. Inhumée, Marie Regnaut, dans la nef de l'église.

1745. Inhumé dans l'église, le corps de Louis Tillard.

1745. Inhumée dans l'église, Anne Le Tellier, décédée à Saint-Malo de Bayeux.

1751. Fut inhumé dans la nef de l'église, en la place qui est proche la chapelle Sainte-Anne, le corps de demoiselle Claude-Michelle de La Rivière de Meuvaines, fille de feu Messire de La Rivière de Mesnisalles et de feue dame de La Niepce, décédée âgée de 75 ans.

1757. Inhumé dans la chapelle Notre-Dame, le corps d'Antoine Mouillard, dit des Iles, trésorier et facturier dudit lieu, et en cette qualité ses parents ont exigé qu'il fût inhumé audit lieu.

1756. Inhumé dans l'église, le corps de Maître Jacques Longuet.

Noms des plus anciennes familles.

Sur un registre remontant à 1575, à peine lisible, on distingue les noms de Caillot, Massue, Hardouin, Longuet, Gondoin, Tostain, Jorette, Halley, Cudjardes, Colibert.

A la fin du XVIIIe siècle, avant la fermeture des registres, les principales familles sont : Mallet, Viel, Delauney, Caillot, Couturier, Porée, Adeline, Jorette, Folet, Dubosq, Pinchon, Bouteville, Deschamps, Foucques.

VI. — Anciennes familles ayant possédé le fief de Meuvaines et peut-être habité cette paroisse.

De Juvigny.

Armes : *d'argent, à la croix ancrée d'azur.*

L'abbé Beziers, dans son manuscrit, nous apprend qu'en 1206, Raoul de Juvigny donne à l'abbaye de Longues la dîme de son marais de Meuvaines.

Il ne s'ensuit pas de là que cette famille habitât Meuvaines, ni même l'élection de Bayeux, ce n'est pas probable, et la possession du marais pouvait leur être échue par alliance. Ils étaient peut-être, dès cette époque, de l'élection d'Avranches, où Montfaut les signale, en 1465, habitant Saint-Nicolas-des-Bois, sergenterie du Val-de-Sée.

Ils produisent ensuite leurs titres devant Roissy, en 1598, qui les déclare d'ancienne noblesse ; ils sont alors divisés en plusieurs branches et habitent différentes localités :

Hervé, fils Jean, à Saint-Nicolas-des-Bois ; Jean, sieur de Lapentis, demeurant audit lieu, sergenterie d'Ouessey, élection de Mortain, ainsi que son oncle, Eustache, sieur de La Chaisnaye, et François, sieur de La Haulle ; Julien, fils Charles, sieur de Berthelemy, demeurant à Soumagny, sergenterie du Halley, élection de Mortain, ainsi que son oncle, François, sieur de La Boutonnière.

En 1666, devant l'intendant Chamillard, se présentent
seulement Jean et François, sieurs de Saint-Nicolas-des-
Bois; François, sieur de La Haulle, habitant paroisse de la
Coutrière, sergenterie de la Halle, élection de Coutances, et
Julien, paroisse de Montsecret, sergenterie de Vassy, élec-
tion de Vire.

De Fontenay.

On relève, dans les Archives du Calvados, une donation,
à l'abbaye de Fontenay, d'une pièce de terre située à Meuvaines, par Josselin de Fontenay, prêtre, fils Robert,
fils Sellon, chevalier. Ce prêtre était peut-être curé de cette
paroisse.

De Malherbe.

Armes : *de gueules, à six coquilles d'or, au chef d'or,
chargé d'un lion passant de gueules.*

La famille de Malherbe, une des plus anciennes de Normandie, possédait à Meuvaines dès le XIIIe siècle. En 1239,
Raoul de Malherbe fit une donation aux chapelains de
Bayeux à prendre sur ses terres de Meuvaines et Saint-
Côme de Fresney-sur-la-Mer; on trouve d'autres donations
faites par cette famille en 1220 et 1275 (1). Le livre Pelut du
diocèse de Bayeux indique, en 1356, Radulph de Malherbe
comme patron décimateur de Meuvaines. Il avait acquis les
deux tiers de la grosse dîme du curé de Meuvaines en 1315,
et s'en défit plus tard en faveur de l'abbé de Saint-Julien de
Tours (2).

Parmi les bienfaiteurs de l'abbaye de Longues, en 1220,
Acelis, femme de Raoul de Malherbe, seigneur de Meuvaines (Abbé de La Rue).

(1) Archives du Calvados.
(2) *Anciennes familles normandes,* par un gentilhomme nor-
mand, p. 136.

En 1263, la sœur de Jean de Malherbe épousa Richard de Courseuilles.

En 1523, Jacques de Malherbe produisit devant les Élus de Bayeux et il fut constaté qu'il descendait d'Alexandre de Malherbe qui, en 1260 et 1280, fut seigneur d'Asnelles, d'où le fief Malherbe en cette paroisse, et du fief d'Argouges, en la paroisse de Vaux-sur-Aure; du fief de Loye, assis en la paroisse de Meuvaines, et patron dudit Meuvaines. Jean de Malherbe, fils d'Alexandre, épousa Bertranne Le Coustellier, fille du bailli et capitaine de Caen et filleule de Bertrand Du Guesclin, lors régent de Normandie.

Dans la Recherche nobiliaire de Roissy, en 1598, Thomas de Malherbe est désigné demeurant à Manvieux. Dans celle de Montfaut, en 1465, Guillaume de Malherbe est également de la paroisse de Manvieux. En 1666, les produisants sont les mineurs de Marc-Antoine de Malherbe et de Madelaine de Manvieux.

De Manvieux, cette famille passa à Tracy-sur-Mer, puis à Bayeux ; en 1666, Charles de Malherbe, demeurant à Tracy, âgé de 76 ans, produisant en même temps que les mineurs de Marc-Antoine, est désigné avec le titre de sieur du Bois et seigneur et patron de Saint-André de Bayeux. Pierre de Malherbe, né à Tracy en 1723, lieutenant-colonel de cavalerie, décéda en son hôtel, à Bayeux, place Saint-Sauveur, en 1790, et fut inhumé à Tracy; il était chevalier de Saint-Louis. Son fils, Charles-Pierre, officier au régiment de Picardie avant la Révolution, est décédé à Villiers-le-Sec en 1841, et cette branche de la famille s'est éteinte en la personne du fils de ce dernier, décédé à Villiers-le-Sec en 1856.

VII. — Familles titulaires du fief de Meuvaines depuis 1465.

En 1465, Montfaut ne signale à Meuvaines que Raoul de Mathan.

Le fief de Meuvaines passa sans doute ensuite à la famille de Marguerie, car, en 1539, on trouve un aveu du fief de Meuvaines, relevant de la baronnie de Creully, rendu par Jacques et Guillaume de Maimbeville au droit de Marie de Marguerie, probablement leur mère, dame de Meuvaines, et en cette qualité, Jacques et Guillaume avaient la *Grande Main* (*sic*) dans la paroisse (1).

Cette famille de Maimbeville était de l'élection de Lisieux, paroisse de la Chapelle-Becquet, sergenterie de Bernay-Montfort (2).

Par contrat du 10 mars 1617, Jeanne de Maimbeville, veuve de Pierre de Caumont, et Jacques de Caumont, son fils, vendirent à Jacques de La Niepce le fief, terre et sieurie de Meuvaines, qui est un demi-fief de haubert, avec les droits de juridiction, colombier, garenne, varech, gravage sur la mer, baronnie et autres droits à fief noble apparte-nants (3).

De La Niepce, écuyer.

Dans le Rôle des fiefs du grand bailliage de Caen 1640, on lit :

Meuvaques. — Le fief de Saultmanoir, possédé partie par M. Jacques de La Niepce, écuyer, l'autre partie par les héritiers dudit Saultmanoir. Le fief de la Garenne possédé par Claude Tostain.

(1) Chartrier de la famille de Savignac. A. de Courson.
(2) Montfaut, 1465.
(3) Chartrier de la famille de Savignac. A. de Courson.

La famille de La Niepce était originaire de Meuvaines ; en 1666, Pierre de La Niepce, de la paroisse de Meuvaines, fut condamné, le 6 octobre, à 2.000 livres d'amende ; originaire de Caen et fils d'un bourgeois de Caen originaire de Meuvaines, où Richard, son aïeul, était imposé, et toute sa famille, qui n'a jamais pris la qualité de *noble*. Ladite qualité n'est justifiée ni par écrit ni par témoins sur la lettre de prétendue dérogeance.

Sur appel, le même, maintenu noble par arrêt du conseil, le 11 août 1667.

Originaires de Meuvaines, les membres de cette famille habitaient sans doute Caen, où ils occupaient des emplois ; en 1644, nous trouvons un acte d'amortissement de rente au profit d'Antoine Halley par M. Jacques de La Niepce, escuier, sieur de Meuvaines, avocat au siège présidial de Caen.

En 1646, 13 avril, contrat de vente par Jean-François d'Anisy, sieur de Bréville, et demoiselle Françoise Dumont, sa femme, à M. Jacques de La Niepce, escuier, sieur de Meuvaines, du plein fief de haubert d'Asnelles.

On trouve sur les registres de Meuvaines peu de mentions de cette famille, qui s'éteignit dans cette paroisse par le mariage, en 1673, d'Antoinette de La Niepce avec Nicolas de La Rivière, sieur de Mesnilsalles, qui devint alors seigneur de Meuvaines, Asnelles, Bazenville et Fresney-sur-la-Mer.

Messire Nicolas de La Rivière décéda à Meuvaines le 21 octobre 1713 et fut inhumé dans le cimetière par Maître Jacques-Olivier de La Niepce, prêtre.

Sa femme décéda en 1726. Inhumé dans la chapelle de la Sainte-Vierge, au coin de l'autel, vers la mer, de l'église de Meuvaines, le corps de noble dame Antoinette de La Niepce, veuve de Messire Nicolas de La Rivière, escuier, sieur de Mesnilsalles, par noble et discrète personne Messire J.-J. Le Blais, prêtre, curé de Crépon, décédée âgée de 74 ans.

VIII. — Famille de La Rivière.

Armes : *trois tourteaux de sable en champ d'argent.*

Famille d'ancienne noblesse originaire de l'élection de Vire, où ils habitaient, lors de la Recherche de Montfaut, en 1465, la paroisse de Saint-Germain-de-Crioult, sergenterie de Vassy, dont ils étaient encore seigneurs à la fin du XVIIIe siècle.

En 1594, Guillaume de La Rivière, sieur de Goumetz et des Isles, fils de Richard, demeurant à Saint-Germain-de-Crioult, produisit devant Roissy. A cette époque, Jacques, son frère, et Jean, son cousin germain, sieur de Hérys (*sic*), s'étaient fixés dans cette paroisse, sergenterie de Tour, élection de Bayeux, et un de leurs fils, sieur de Romilly, habitait Bayeux, paroisse de Notre-Dame-des-Fossés.

Cette branche avait modifié ses armoiries et portait : *d'argent, à trois tourteaux du même, bordés de sable.*

A la même époque, produisait ses titres, Thomas de La Rivière, sieur de Missy, lieutenant des élections de Caen. Le frère de celui-ci, Jacques, sieur de La Mothe, demeurait à Asnelles, élection de Bayeux.

L'intendant Roissy les déclara tous d'ancienne noblesse.

En 1666, Jacques et Nicolas, écuyers, sieurs de Gouvix et de Mesnilsalles, demeurant paroisse de Saint-Germain-de-Crioult, âgés de 30 et 27 ans, furent maintenus en leur noblesse par l'intendant Chamillard.

Nicolas devint le chef de la branche fixée à Meuvaines par son mariage avec Antoinette de La Niepce, en 1673.

Deux actes de ce mariage se trouvent sur les registres de Meuvaines.

Le premier :

Fiançailles faites à l'église de Saint-Germain-de-Crioult et à Meuvaines du futur mariage de Nicolas de La Rivière, écuyer, sieur de Mesnilsalles, des Isles, de Romilly et de

La Rivière; et de noble dame Antoinette de La Niepce, veuve du sieur le baron de Crennes, mariés par Maître Gilles Longuet, prêtre, curé de Colomby-sur-Than; présence de demoiselle Antoinette de Morel, sa mère, et Charles Hélye, sieur de La Mothe, Pierre de Graindorge, écuyer, sieur de Saint-Pierre, Maître André Pouchard, procureur au Parlement de Normandie.

Le second :

1ᵉʳ juin 1673. Messire Nicolas de La Rivière, fils de Messire Charles, seigneur et patron de Gouis (*sic*) et de Saint-Germain, et de dame Jeanne Foismont ; et dame Antoinette de La Niepce, fille de feu Michel de La Niepce, vivant écuyer, sieur de Meuvaines, Maronnes et Asnelles, et de dame Antoinette de Morel, femme de Charles Hélye, écuyer, sieur de La Mothe, et présence de Messire Charles de Crennes, chevalier, baron dudit lieu; ont été affidés par moi Philippe Pellerin, prêtre, curé de Meuvaines.

Ces deux actes indiquent : 1° qu'Antoinette de La Niepce avait épousé en premières noces M. le baron de Crennes et que ce mariage avait été fait par le curé de Colomby-sur-Than, et qu'elle avait eu un fils de ce mariage, Messire Charles de Crennes; 2° que sa mère, Antoinette de Morel, était remariée en deuxièmes noces à Charles Hélye, sieur de La Mothe, laquelle fut inhumée dans la chapelle Sainte-Anne, en 1685.

Précédemment, il y avait déjà eu une alliance entre les deux familles : en 1647, Jean de La Rivière, sieur de Hérils et de Crèvecœur, avait épousé Marguerite de La Niepce.

Les registres de Meuvaines ne permettent pas de suivre d'une manière certaine la descendance de Nicolas et d'Antoinette de La Niepce. On trouve toutefois, en 1751, l'inhumation de Claude-Michelle, fille de feu Messire de La Rivière de Mesnilsalles et d'Antoinette de La Niepce, âgée de 75 ans.

Puis cette autre mention :

1724. Décéda, dans la maison de Clément Villy, Robert de La Rivière, âgé de neuf mois, fils de Messire Clément de La Rivière, escuier, et de feu Élisabeth de Bellemare; son corps fut inhumé dans la chapelle de la Vierge, proche le marchepied de l'autel, du côté du midi.

Charles-Philippe de La Rivière, curé de Fresney-sur-la-Mer, qui fit en 1736, ainsi que nous l'avons vu plus haut, la fondation d'une mission aux églises de Fresney, Asnelles et Meuvaines, était probablement fils de Nicolas; son décès est mentionné ainsi qu'il suit sur les registres de Meuvaines :

1731. Décéda dans la ville de Caen, noble homme Charles-Philippe de La Rivière, prêtre, curé de Fresney-sur-la-Mer, âgé de 53 ans; son corps fut inhumé le lendemain dans le chœur de Notre-Dame de ladite ville, et le 2 octobre, dans l'église de Meuvaines, fut fait un service solennel pour le repos de son âme par moi, Thomas Le Tellier, prêtre, curé de Meuvaines, comme ayant été mon bienfaiteur et m'ayant fait présenter audit bénéfice par feu Messire Catinat, en son vivant abbé de Saint-Julien de Tours.

En 1741 décéda noble homme Clément-Nicolas de La Rivière, sieur de Meuvaines; son corps fut transporté le lendemain à Saint-Germain-de-Crioult pour y être inhumé.

Il était sans doute le fils de Nicolas et époux de Marie-Élisabeth de Bellemare, ainsi que nous l'apprend le décès de Robert, leur fils, décédé en bas âge.

Nous trouvons ensuite Messire Philippe-Charles-Victor, seigneur de Meuvaines et Saint-Germain-de-Crioult, dont nous avons relaté l'assassinat à Écos, près Vernon, où il fut inhumé le 12 février 1751.

En 1761, baptême à Meuvaines d'une fille de J.-Fr. Morin, nommée par noble dame Marie-Louise-Charlotte Dauvivay, marquise de La Rivière, baronne, châtelaine haute justicière de Baudemont, Écos, Le Busc et autres lieux, veuve de Messire Philippe-Antoine-Victor de La Rivière, chevalier, seigneur et patron de Saint-Germain-de-Crioult, Gouvy,

Asnelles, Maronnes, Meuvaines, marquise de Courseuilles et autres terres et seigneuries, etc...

De leur mariage, nous ne trouvons à Meuvaines aucune autre descendance que Marie-Louise-Charlotte, à laquelle échut la terre et seigneurie de cette paroisse, qui épousa M. de Gautier de Savignac.

Le 10 juillet 1784 fut baptisé à Meuvaines un fils né du légitime mariage de très haut et très puissant seigneur Henri de Gautier, comte, seigneur de Savignac, et de très haute et très puissante dame Marie-Louise-Charlotte de La Rivière, dame patronne de Meuvaines, Asnelles, Maronnes, Courci, Le Manoir, dame patronne de Bazenville et autres lieux; lequel a été nommé Charles-Léopold-Marie par très haut et très puissant seigneur Charles-Léopold, comte de Montbelliard d'Horubourg, son oncle, représenté par Messire Antoine-Pierre-Jean-Emmanuel de Gautier, comte de Savignac, officier de carabiniers, frère du nouveau-né ; et par très haute et très puissante dame Marie-Anne de Baillehache, marquise de Bellemare, sa grande tante, représentée par Marie-Anne-Louise-Jeanne-Henriette de Gautier de Savignac, sœur du nouveau-né.

Ce baptême eut lieu à Meuvaines, mais, d'après l'acte de décès de ce dernier arrivé à Meuvaines en 1820, il serait né à Moissac, département du Lot.

La Révolution abolit titres et seigneuries, mais Pierre-Antoine-Jean-Emmanuel de Savignac conserva son château où il revint après la tempête révolutionnaire et où il mourut en 1820.

1820. — Décès de Pierre-Jean-Antoine-Emmanuel Gautier, comte de Savignac, né à Moissac, département du Lot, fils de M. Henri de Gautier, comte de Savignac, et de Marie-Louise-Charlotte de La Rivière, époux de Aimée-Gabrielle-Rose de Saffray, comtesse de Savignac.

M. de Savignac laissa quatre fils qui vendirent plus tard la propriété de Meuvaines. Le château fut acheté par un

officier de la garde royale, M. Le Pippre de Nunc, qui ne le
conserva que quelques années et le revendit à l'évêché de
Bayeux qui le possède encore aujourd'hui ; il sert de prome-
nade l'été aux élèves du petit séminaire de Villiers-le-Sec.

IX.

Le château de Meuvaines ne porte aucun cachet d'antiquité, il a l'apparence d'une construction moderne du
XVIIIe siècle ; il est à présumer que c'était plutôt une maison de campagne qu'une résidence, restaurée ou même réé-
difiée par la famille de La Rivière. Il était entouré de larges
fossés ou douves qu'alimentait sans doute le petit ruisseau
de Roullecrotte, celles le long de la route, des deux côtés
de la grille d'entrée, faisant face au château ; les autres ont
été comblées, mais on en voit encore la trace.

Il y avait un château à Meuvaines au XIVe siècle, qui est
indiqué lors de la visite des forteresses par Regnier Le
Coustellier, en 1371 :

« Dimence VIIe jour de mars.....

« Item, ce jour, à Mévaines, à St Mervieu et à Rie, com-
« mandé fut aux gens et habitants que, devers Pasques,
« les forts des ditz lieux soient ordinés, avitaillés et garnis
« et a pou de vivres et au geste de Baieux ».

X. — Droits de varech, gravage, colombier, garenne.

Un arrêt du Parlement, du 17 juin 1681, maintient le seigneur de Meuvaines en la possession des droits de varech,
gravage et droits de colombier et de garenne ; ledit arrêt,
rendu sur la demande en profit de défaut, requise par Nicolas de La Rivière, sieur de Mesnilsalles, ayant épousé dame
Antoinette de La Niepce, seule fille et héritière de défunt
Michel de La Niepce, sieur de Meuvaines et d'Asnelles,

demandeur contre les habitants de la paroisse de Meuvaines (Parchemin) (1).

En 1743. — Procédure entre Messire Philippe de La Rivière, seigneur de Meuvaines, Asnelles, Saint-Germain-de-Crioult et autres lieux, et les héritiers Longuet, tendant à faire condamner ces derniers à abattre des arbres placés tout près du colombier de Mantes assis à Meuvaines (Papier) (2).

XI. — Hameau de Maronnes.

Chapelle Saint-Léonard.

Au haut de la côte de Maronnes, dans un petit enclos faisant face au lavoir, s'élevait jadis la chapelle Saint-Léonard, dominant ce petit hameau et toute la plaine qui s'étend vers Asnelles, ayant la mer comme horizon, animant journellement ce charmant paysage du son de sa cloche et annonçant aux châtelains et aux rares habitants groupés autour d'elle chaque heure du jour.

Elle était, chaque dimanche, desservie par un prêtre, vicaire ou obitier de Meuvaines ; devant son porche, se proclamaient, à l'issue de la messe, les actes ministériels et les ventes ; on y baptisait, on y mariait, les châtelains étaient inhumés dans son enceinte et les modestes habitants autour de ses murs.

La chapelle de Maronnes n'était pas taxée, du moins elle ne figure pas dans le livre Pelut du diocèse dressé en 1356 ; peut-être n'existait-elle pas encore et c'est sans doute dans la suite que le hameau, devenant plus considérable, la nécessité d'une église se fit sentir. Dans la statistique des doyennés ruraux, elle est comprise dans l'énumération des

(1) Archives de Mme de Savignac.
(2) Ibid,

cures du doyenné de Creully : *Meuvaines* et *Maronnes* (1).

La dîme de Maronnes était perçue par le curé de Meuvaines.

Nous avons sous les yeux le compte de gestion du sieur Jorette, trésorier de la chapelle Saint-Léonard, pendant les années 1769, 70 et 71 ; d'où il résulte que le revenu foncier, suivant la bannie des terres passée devant Levallois, notaire à Ver, se montait, pour les trois années, à 426 livres 4 sols, plus 46 livres 9 sols de rente ; il entre en plus dans ce compte le reliquat des trésoriers précédents et les dons particuliers en vue de la restauration de la chapelle, ce qui produit un total de recettes pour cet exercice de 1.282 livres 2 sols.

En outre, il était dû chaque année six boisseaux de blé de rente. Dans sa reddition de compte, le sieur Jorette ajoute :

« Ledit sieur Jorette représente aussi que le *blaid* des « trois années, dit de Charité, a été donné suivant l'usage « auxdits paroissiens ».

Les travaux qu'on fit à la chapelle pendant ces trois années absorbèrent ces recettes et indiquent que ce monument avait une certaine importance ; la toiture fut refaite à neuf et couverte en *careaux*, l'intérieur fut repavé, les portes et fenêtres remplacées, ainsi que les ferrures et serrures.

On trouve 15 livres payées pour fourniture de *70 pieds* de faîteaux ; la chapelle avait donc au moins 70 pieds de longueur.

Elle possédait une horloge :

Nous trouvons : payé à Robert Tapin, charpentier, 15 livres, sur la façon de la *bouette* de l'horloge de la chapelle, et, précédemment, 30 novembre 1771, payé à Marie de Cully, par les mains de M. de Grimouville, deux livres pour le cadran de la chapelle.

(1) Laffetay : *Histoire du diocèse de Bayeux.*

XII. — Familles ayant habité le château de Maronnes.

Nous ne pouvons établir ici d'une manière exacte l'origine du château de Maronnes et quelles étaient les familles qui l'habitaient antérieurement au XVIIe siècle. Il a dû être reconstruit ou du moins restauré au commencement du XVIIIe, lorsque la famille de Grimouville vint s'y établir.

On trouve dans les Archives du Calvados, qu'en 1246, Pierre Lavavasseur de Maronnes, fils Ranulph, fait une donation à l'abbaye de Mondaye. Mais s'agit-il ici de Maronnes, hameau de Meuvaines ?

Cette localité devait être un fief appartenant aux seigneurs de Meuvaines. Vers le milieu du XVIIe siècle, Michel de La Niepce, père d'Antoinette, qui épousa Nicolas de La Rivière, prenait le titre de sieur de Maronnes, et cependant, à cette époque, la famille de Magneville y était déjà fixée et s'intitulait également sieur de Maronnes.

Par contrat passé devant Thomas Maheus et Leforestier, tabellions à Graye, le 1er octobre 1631, Guillaume de Launey céda le fief de Maronnes à Pierre de Magneville.

Marie-Anne de Magneville, sans doute fille de Gilles de Magneville et de Renée Patry, épousa en premières noces Pierre de La Rivière, seigneur de Crèvecœur, haut justicier de Bazenville.

De cette union naît un fils, Jacques de La Rivière.

Marie-Anne de Magneville, veuve du seigneur de La Rivière, épousa en secondes noces Jacques de Héricy, sieur de Marcelet.

D'où : 1° Jacques ;

2° Philippe ;

3° Marie-Anne, mariée à François de Pierrepont.

Par un premier partage entre les enfants de ces deux mariages, le 12 mars 1710, M. Jacques de La Rivière demeura en possession des fiefs et seigneuries de Bazenville, Crèvecœur, etc. Ses frères et sa sœur furent dédommagés en argent.

M. Jacques de La Rivière épousa à Saint-Pierre de Caen, le 7 avril 1711, noble demoiselle Salomé Couture. Il meurt sans enfants, en 1714.

Sa veuve épouse en secondes noces, le 1er juillet 1715, Urbain Desplanches, escuier, seigneur de Cloville, conseiller avocat du roi au bailliage et siège présidial de Caen.

Jacques et Philippe de Héricy héritent alors de la terre de Bazenville, bien que la veuve de leur frère utérin conservât une portion pour son douaire, comme il résulte d'un arrangement en date du 25 août 1715.

Par acte en date du 16 février 1724, Messire Robert-Jacques de Héricy cède des terres et seigneuries de Bazenville, Crèvecœur, etc., à Jean-François de Grimouville, escuier, en échange du fief de Jurques et d'autres terres que ledit François de Grimouville possédait à Vaussieux.

Il est probable que la propriété de Maronnes, quoique non mentionnée, était comprise dans cet échange.

(Extrait du chartrier du château de Vaussieux, communiqué par M. le baron du Charmel).

De Magneville.

Les différentes recherches nobiliaires ne mentionnent aucune famille de ce nom dans les élections de Caen et de Bayeux. Peut-être était-ce une branche de la famille de ce nom ayant produit ses titres dans les élections de Valognes, Carentan et Bricquebec.

En 1168, on trouve parmi les bienfaiteurs de l'abbaye de Longues, lors de sa fondation, Guillaume de Magneville, comte d'Essex, seigneur de Reviers, de Saint-Georges-d'Aunay, etc. (Abbé de La Rue).

En 1465, Montfaut signale Jean de Magneville, sieur du lieu de Magneville, sergenterie de Beaumont.

Roissy, en 1598, maintient noble Arthur de Magneville, baron de la Haye-du-Puits, élection de Carentan.

Les Élus de Valognes, en 1628, inscrivent Jacques de Magneville, sieur du Sien, élection de Bricquebec.

Dans la Recherche de 1666, ne se trouve aucun produisant de ce nom.

La première mention de la famille de Magneville sur les registres de Meuvaines est de 1685, où Gilles de Magneville, écuyer, et sa fille Jeanne figurent comme parrain et marraine.

En 1669, le même Gilles de Magneville, s'intitulant écuyer, sieur de Maronnes, assiste comme témoin ou parent au mariage de François Patry avec demoiselle Suzanne de La Rivière, fille de Jean de La Rivière, sieur de Hérils, et de demoiselle de La Niepce (1).

Gilles de Magneville épousa Renée Patry, fille de ce même François et de Suzanne de La Rivière. Elle décéda à Maronnes et fut inhumée, le 10 février 1708, dans la chapelle Saint-Léonard.

C'était sans doute un second mariage, car sa fille Jeanne, que nous voyons figurer avec lui à un baptême en 1485, aurait été trop jeune ; Renée Patry, quatrième enfant de François Patry, mariée en 1669, ne pouvait en être la mère.

Nous relevons encore sur les registres de Meuvaines :

1712. 9 juin. En la chapelle Saint-Léonard de Maronnes, annexe de la paroisse de Meuvaines, a été inhumé le corps de Gilles de Magneville, écuyer, sieur de Maronnes, âgé de 80 ans.

A partir de cette date, on ne trouve aucune trace de cette famille comme habitant ce hameau ; toutefois, elle n'était

____

(1) Généalogie de la famille Patry.

pas éteinte, car, le 16 octobre 1793, comparaît au greffe de la commune de Meuvaines le citoyen de Magneville, lequel a déclaré être résident en la ville de Caen, ci-devant propriétaire de la garenne, remet le titre dudit fief et seigneurie de la garenne, déclarant que s'il en trouve d'autres brouillés dans ses papiers, il les remettra.

En 1820, M. Henri de Magneville, maire d'Hérouville, était président de l'Académie des Belles-Lettres de Caen.

De Grimouville.

Peu d'années après la mort de M. de La Rivière de Crèvecœur, seigneur haut justicier de Bazenville, arrivée en 1714, cette seigneurie passa à la famille de Grimouville; il est probable que ce fut vers la même époque que le petit domaine de Maronnes devint sa propriété; toutefois, ce n'est qu'en 1777 qu'on en trouve la première mention sur les registres de Meuvaines. A Bazenville, le premier acte concernant cette famille est de 1727.

La famille de Grimouville est une des plus anciennes de Normandie; elle porte comme armoiries : *de gueules, à trois étoiles d'argent, support, deux sirènes;* devise : *Timoir Dei, Fides, Nobilitas.*

Dès l'an 1082, sur la charte de fondation de l'abbaye Sainte-Trinité de Caen, figure Guillaume de Grimouville. Robert de Grimouville était un des gentilshommes qui suivirent Robert Courte-Heuse en Terre-Sainte, en 1096.

Vers la fin du XIIIe siècle, Guillaume de Grimouville épousa Jeanne de Montfort, et Jean, son fils, épousa, en 1327, Nicolle de Souble, fille et héritière du seigneur de Carentilly. En 1482, Jeanne de Grimouville épousa Pierre de Villiers, seigneur de la Rongefeugeray, et, en 1496, Germain, seigneur de Larchant, épousa Guillemette de Grosparny, fille de Jehan, seigneur et baron de Flers (1).

A cette époque, ils étaient seigneurs de la Lande-d'Airon, près Coutances, et de Saint-Germain-de-Tournebut, élection de Valognes.

Nicolas de Grimouville, sieur de Larchant, d'Auteuil, de la Boullaye, chevalier de l'ordre du Roi, conseiller d'État, capitaine de cent archers de sa garde, fils de François et d'Anne d'Estançon, mourut à Paris, le 8 mars 1592, sans enfants de Diane de Vivonne; il fut enterré dans l'église des Augustins, où se voient sa sépulture et celle de sa femme.

Son frère, Louis de Grimouville, conseiller d'État, gouverneur d'Évreux, capitaine de cinquante hommes d'armes, écartela ses armes: *d'azur, au lion d'or tenant de ses pattes une massue d'argent* (2).

En 1590, il y avait plusieurs branches de cette famille répandue aux environs de Bayeux; l'intendant Roissy, dans sa Recherche des nobles, les signale à Suilly, Vaux-sur-Seulles, Vaussieux, Saint-Germain-de-la-Lieue, Jurques; en 1628, Jacques de Grimouville, sieur du Maresq et de Saint-Germain-de-Tournebut, était grand maître des eaux et forêts du bailliage du Cotentin.

En 1697, Jean de Grimouville épousa Françoise de Tiremoir et devint le chef de la branche de Martragny. Son fils, Jean-François, seigneur de Jurques-en-Vaussieux, épousa Louise Duhamel, de la paroisse de Noron; ce fut lui qui échangea avec M. d'Héricy, héritier de M. de La Rivière de Crèvecœur, mort à Bazenville en 1714 et enterré dans le chœur de l'église, son domaine de Vaussieux pour la seigneurie et haute justice de cette paroisse.

Il avait trois fils et trois filles. L'aîné, Louis, fit construire le château actuel de Bazenville, où il mourut sans enfants

______

(1) Extrait des Archives de la Manche, intitulé *Généalogie de la maison de Grimouville*, faite, en l'an 1788, par de Grimouville-Larchant, vicaire général. In-8º; Saint-Malo, imprimerie Le Valois, 1818.

(2) Manuscrit des archives de M. Émile du Saucey.

en 1784. Deux de ses sœurs, dont l'une s'appelait Mlle de Crèvecœur, sont également mortes à Bazenville, en 1817, à quelques jours de distance, l'une âgée de 94 ans, l'autre de 87 ans.

Ce fut son frère cadet, Gabriel, capitaine de grenadiers au régiment de Chartres, chevalier de Saint-Louis, pensionné du roi, que nous retrouvons à Maronnes; il avait épousé Mlle du Moutier de Caenchi, fille de Gabriel du Moutier, lieutenant au bailliage et siège présidial de Caen, et de Henriette Hue de Navare.

Son fils aîné, Louis, vint habiter Bazenville après la mort de son oncle. Son frère Gustave eut le château de Maronnes, que lui abandonna son père lors de son mariage avec Mlle Louise de Couvert, veuve de M. de Boursonne, en février 1809. M. et Mme de Grimouville, retirés chez leur fils aîné, à Bazenville, y décédèrent la même année 1809, l'un, le 10 mai, âgé de 82 ans, et sa femme, le 23 mai, âgée de 53 ans.

M. de Grimouville ne conserva pas Maronnes, il se retira à Bayeux où il est mort ainsi que sa femme; l'un et l'autre ont été inhumés au cimetière de Meuvaines.

Cette branche de la famille de Grimouville est éteinte; le domaine de Bazenville a été morcelé et vendu; celui de Maronnes, depuis un demi-siècle, est déjà passé en plusieurs mains.

La famille de Grimouville ne s'est pas seulement illustrée par les armes, elle a eu aussi un littérateur distingué dans Nicolas de Grimouville, qui fut principal du collège de Bayeux.

L'abbé Beziers, dans son *Histoire de la ville de Bayeux,* lui consacre l'article biographique suivant :

« Grimouville-Larchant (Nicolas de), né à Bayeux, dans
« la paroisse Saint-Sauveur, vers 1666, d'une ancienne
« famille qui a produit deux chevaliers des ordres du Roi,
« donna de bonne heure des preuves de son goût pour la

« poésie latine et se fortifia par la lecture de tous les anciens
« auteurs qui ont excellé en ce genre. On dit qu'il y était
« accoutumé si bien, que souvent il s'exprimait en vers
« dans la conversation sans s'en apercevoir : la fécondité de
« son génie, fortifiée par l'étude, le fit bientôt connaître et
« rechercher des gens d'esprit. A peine ordonné prêtre, il
« fut nommé, en 1690, à la place de M. Chartier, principal
« du collège de Bayeux, et même à sa recommandation, il
« composa la plupart des pièces latines que ses écoliers
« représentaient à la fin des classes. Il s'attira, en 1706,
« une lettre de cachet portant interdiction de son emploi
« jusqu'à nouvel ordre, par la liberté qu'il se donna, dans
« une pièce qu'il fit représenter publiquement, de caracté-
« riser les chanoines, ses confrères, et l'évêque même sous
« des noms empruntés et à laquelle ils se trouvèrent eux-
« mêmes ; le célèbre M. Foucault, intendant de Caen, la
« trouva si bonne, qu'il la fit, dit-on, imprimer à ses frais.
« M. Larchant se retira dans sa terre de Vaux-sur-Seulles,
« proche Bayeux, et, ayant été nommé à la cure de ce lieu
« en 1711, il se démit de son titre de principal du collège ;
« alors, il se livra tout entier aux fonctions de son minis-
« tère, sans négliger cependant les belles-lettres qui ont
« toujours fait son ambition. Il termina sa carrière en héros
« chrétien, au mois de mars 1736, et fut enterré dans son
« église paroissiale. On a de lui la traduction, qu'il fit en
« vers latins, du *Philotanus* de l'abbé de Grécourt et que
« cet abbé, auquel elle fut remise, fit imprimer vers 1718 ;
« une géographie entière, la vie des saints, des tragédies
« et des comédies, le tout en vers latins ; plus de 150 ser-
« mons et quantité de pièces fugitives qui sont demeurées
« manuscrites aux mains des héritiers de son neveu, M. de
« Grimouville de Martragny, capitaine de cavalerie au
« régiment d'Orléans et chevalier de l'ordre militaire de
« Saint-Louis ».

XIII. — Curés de Meuvaines et prêtres obitiers
ou vicaires.

Sur les plus anciens registres de la paroisse, il n'est pas facile de relever d'une manière exacte le nom des curés ou vicaires, les actes n'étant pas toujours signés.

En 1635, on trouve des actes signés par Gilles Denis, prêtre, et en 1645 on le trouve avec le titre de curé.

A côté de lui, on voit figurer Bourgueze, prêtre vicaire depuis 1638, lequel mourut en 1678, âgé de 78 ans, et fut inhumé dans l'église.

En 1668, Balloud, prêtre vicaire, et en 1676, Michel Lemoigne, vicaire. L'abbé Bourgueze fut inhumé avec le titre de prêtre obitier.

A Gilles Denis, curé en 1645, avait sans doute succédé l'abbé Pellerin, car une annotation sur un registre indique que le registre de 1669 à 1676 était resté saisi aux mains des héritiers de Maître Pellerin, curé de Meuvaines.

Il eut pour successeur Maître Jean Hue, qui administra la cure jusqu'en 1712. Il mourut le 4 octobre, âgé de 68 ans, et fut inhumé dans le cimetière.

Il eut sous son ministère dix à douze vicaires, dont les noms n'offrent rien d'intéressant.

Trois jours après son inhumation fut présenté à la cure de Meuvaines Maître Thomas Le Tellier, prêtre de Saint-Nicolas de Caen. Son ministère dura jusqu'en 1759, époque de sa mort; il fut également inhumé dans le cimetière.

Parmi les vicaires qu'il eut sous lui, nous remarquons l'abbé Robert Frémenger, qui devint curé de Balleroy en 1742.

A Thomas Le Tellier succéda Maître Bon-François Jean, prêtre de Saint-Nicolas de Caen, lequel resta curé pendant une partie de la période révolutionnaire.

Parmi ses vicaires, nous remarquons Louis Tostain, qui

fut enfermé aux Carmes en 1794, sous le titre de curé de Meuvaines.

XIV. — Période révolutionnaire.

Le 14 février 1790, les habitants de Meuvaines furent convoqués pour procéder à l'élection d'un maire et d'échevins.

M. le curé de Meuvaines fut choisi pour président du scrutin ; Pierre Jorette pour secrétaire ; MM. Tostain, prêtre obitier, Jean Boudeville et Maître Pierre Jourdain pour scrutateurs.

M. de Grimouville, chevalier de Saint-Louis, fut élu maire à l'unanimité. Maître Jean Boudeville et Maître Pierre Jourdain, échevins ; et Maître Louis Julien, procureur syndic.

En même temps, on nomma six notables, qui furent :

M. le Curé, M. Dudouet, M. Jacques Fleury, M. Pierre Longuet et M. Jean Villey.

Le 21 février, les nouveaux élus prêtèrent le serment civique entre les mains de l'ancienne municipalité.

Le 13 novembre 1791, de nouvelles élections eurent lieu : François-Jean Longuet fut élu maire.

Pierre Verrolle et Jean Boudeville, officiers municipaux.

Et Deschamps, procureur syndic.

Le 1er messidor an VIII, le Préfet nomma maire François Longuet et François Deschamps, adjoint.

François Longuet resta maire jusqu'à son décès, qui arriva le 21 juin 1805.

Il fut remplacé par M. de Savignac, qui eut pour successeur après son décès, le 29 octobre 1820, son frère aîné Camille.

Le 13 mars 1791, Maître Bon-François-Thomas Jean, prêtre, curé de Meuvaines, prêta le serment civique :

« Je jure de veiller avec soin sur les fidèles de la

« paroisse qui m'est confiée, d'être fidèle à la Nation, à la
« Loi et au Roi et de maintenir de tout mon pouvoir la
« constitution décrétée par l'Assemblée nationale et accep-
« tée par le Roi, en foi de quoi j'ai signé audit jour et an
« que dessus ».

Il renouvela ce serment le 8 octobre 1792.

Puis il quitta Meuvaines lors de la fermeture des églises.

En 1795, le 6 novembre, on procéda à l'élection d'un curé.

15ᵉ jour de brumaire an IV. Choix d'un curé :

Les habitants de Meuvaines, après avoir pris connais-
sance de la doctrine et des mœurs du citoyen Guil-
laume-Antoine Ruelle, de la commune de Campeaux, district de Vire, l'ont choisi pour leur curé, à charge par lui
de se conformer aux lois de la République et aux usages
que prescrivent les cérémonies du culte catholique ; ledit
citoyen promet, s'oblige et s'engage autant que peut se
faire de remplir les fonctions de son ministère, à instruire
les enfants, c'est-à-dire, apprendre à lire, à écrire et calcu-
ler, ce que les habitants ont reçu avec la plus vive satis-
faction.

Le 2 floréal an II (22 avril 1794). Envoi au district de
Bayeux :

Six chandeliers de cuivre ; huit cuivre et argent ; une
lampe et un bénitier argenté ; deux bénitiers, un de fonte et
un de cuivre ; une croix en cuivre avec son bâton ; une petite
cloche ; cinq paires de chandeliers de fonte ; deux paires de
girandoles ; trois barrières de fer ; un balustre en fer.